BERNARD CERQUIGLINI

LE MINISTRE EST ENCEINTE

Ou la grande querelle de la féminisation des noms

ÉDITIONS DU SEUIL
25, bd Romain-Rolland, Paris XIVe

ISBN 978-2-02-140211-7

www.seuil.com

« Les femmes cherchent un féminin à “auteur” : il y a “bas-bleu”. C’est joli, et ça dit tout. À moins qu’elles n’aiment mieux “plagiaire” ou “écrivaine” : la rime n’aurait rien d’excessif. »

Jules Renard, *Journal*, 6 mars 1905

« Tu ne vas tout de même pas exercer un métier qui n’a pas de féminin ! »

Louise-Athénaïse Claudel, à sa fille Camille

Une intrépide au Conseil

Le 17 décembre 1997 étant un mercredi, on tint un Conseil des ministres. La cohabitation entre le président Jacques Chirac et le Premier ministre Lionel Jospin était exempte de cordialité. Les deux hommes ne s'appréciaient guère ; ils avaient toutefois décidé de faire bonne figure. Dans les jours qui précédaient un Conseil des ministres, leurs collaborateurs s'efforçaient de « déminer » les questions inscrites à l'ordre du jour, notamment les mesures individuelles. Elles étaient délicates en période de cohabitation : proposées par le gouvernement, ces nominations sont signées et donc approuvées par le président. C'est dire que l'ordre du jour, d'ordinaire taillé au cordeau, impliquait un respect et un silence absolus : rien n'en devait dépasser ; l'ombrageux Premier ministre y veillait d'une main de fer.

On en était à ces mesures individuelles. Le ministre de l'Éducation nationale, de la recherche et de la technologie proposait la nomination de neuf directeurs dans son administration centrale ; parmi ces directeurs, quatre femmes. Le Conseil allait approuver leur choix, comme prévu, quand la glaciale solennité fut rompue : parmi le gouvernement, une dame levait le bras pour demander la parole. Cette audace inouïe et particulièrement malvenue reçut du Premier ministre un regard noir, du Président, toujours courtois, une aimable invitation à s'exprimer :

> *PR :* Auriez-vous, madame, une question ?
> *MIN :* Oui, monsieur le président : quand cessera-t-on de nommer des femmes « directeurs » d'administration centrale ?
> *PR (charmeur) :* Madame, cette remarque me semble fondée. *(Franchement amusé)* Qu'en pensez-vous, monsieur le Premier ministre ?
> *PM (grinçant) :* En effet, monsieur le président, je suis de cet avis.
> *PR (ravi) :* Eh bien, monsieur le secrétaire général du gouvernement, veuillez préparer à ma signature un décret nommant ces dames « directrices ». *(Facétieux)* Naturellement, monsieur le Premier ministre, je vous prie de vérifier que ce que nous venons de faire n'outrage pas la langue française !
> *PM (lugubre) :* Vous recevrez un rapport à ce sujet, monsieur le président.

De fait, le *Journal officiel* du 19 décembre publiait leur nomination comme *directrices* d'administration centrale. Certes, le décret rappelant leur grade les qualifiait respectivement de *professeur* des universités, de *conseiller* de chambre régionale des comptes, de *chef* de service, d'*administrateur civil* ; mais un pas décisif avait été franchi.

C'est ainsi que la féminisation des titres et noms de métiers débuta en France. Le bastion masculin de la haute fonction publique déjà ébranlé venait de perdre un privilège lexical : des femmes recevaient une fonction conforme à leur féminité. Le vif intérêt pour une innovation sociale se reflétant de façon exemplaire dans la langue commençait également pour l'auteur de ces lignes, qui dirigeait alors l'Institut national de la langue française (Inalf), laboratoire du CNRS. Dans la soirée du mercredi 17 décembre 1997, il reçut un appel téléphonique du directeur de cabinet du Premier ministre, Olivier Schrameck, qui, au nom de leur ancienne amitié et du salut de la République, lui demandait d'examiner, toutes affaires cessantes, l'aspect linguistique de la question ; ce qui fut fait. Son rapport ayant établi que la langue française se porterait fort bien de cette féminisation, la cohabitation s'en porta également au mieux, car le Président et son Premier ministre furent conjointement convaincus, ce qui tenait du miracle. On se mit à nommer en Conseil des *directrices*, des *ambassadrices*, des *préfètes*, des *générales* ; on n'a pas cessé depuis. L'exemple venait d'en haut : les personnes désirant user des féminins *avocates*, *écrivaines*, *chercheuses*, etc., s'en crurent autorisées. L'impulsion venait de l'État, incarné dans sa plus éminente autorité : la France restait la France, et sa langue, depuis les *Serments* de Strasbourg, une question de pouvoir.

Tout s'était donc enclenché par l'intrépide intrusion d'une femme bravant le pouvoir masculin, l'avis sévère de l'Académie française et les règles immuables du Conseil des ministres ; la parité lexicale lui doit beaucoup. Nous avons osé lever un voile sur le huis clos du Conseil, rapporter la confidence que nous a faite le secrétaire général du gouvernement ; notre propre intrépidité n'ira pas cependant jusqu'à trahir l'identité de cette héroïque secrétaire d'État. Tout au plus révélerons-nous son prénom : Ségolène.

Il fallait de l'audace, en effet, tant l'autorité académique était puissante et avait freiné toute évolution, tant le purisme était scellé dans les têtes, tant un emploi du masculin pour ces hautes fonctions allait de soi. Et pourtant, durant les quelques années qui précèdent la rédaction de cet ouvrage, le monopole puriste s'est effondré. La féminisation des métiers, titres et fonctions s'est généralisée, dans la conversation, dans la presse, dans les pratiques sociales ; au sein d'un ministère, une femme souhaitant se faire appeler

« madame le directeur » semble singulièrement passéiste ; quai de Conti, on lâche du lest : les ukases arrogants ont laissé la place à une « réflexion ouverte sur la féminisation de certains métiers ». Se libérant d'une entrave, la langue française a connu un des changements les plus rapides et les plus étendus de son histoire, les prescriptions puristes furent prises à revers par une innovation vivifiant la langue, l'Académie conduite à s'extraire furtivement de l'impasse où elle s'était jetée en fanfare.

Il convient de raconter tout cela.

CHAPITRE 1

« Nous n'allons tout de même pas imiter ces gens-là ! »

Le débat national et théâtral, mis en scène à plusieurs reprises depuis une trentaine d'années, sur la « féminisation » du lexique révèle de façon éclairante notre rapport à la langue ; en cela il est passionnant et digne d'être examiné avec soin. L'identité française ? Bien des écrivains, des sociologues, des responsables politiques l'ont répété : au plus vrai, cette identité réside dans la langue. À juste titre, car les noces de la nation et de son idiome, célébrées par l'État, sont anciennes ; ce dernier s'employa à faire codifier la langue, à la diffuser (souvent dans l'exclusive) sur l'ensemble du territoire, puis à l'enseigner ; il la range toujours au nombre de ses missions régaliennes, et tient à honneur de s'en préoccuper. Ce choix est opportun, car une identité linguistique n'est pas close, mais accueillante ; si elle se transmet, elle peut également s'acquérir : c'est en apprenant la langue qu'on fait ses premiers pas de citoyen. De plus, ce patrimoine accessible à qui veut l'acquérir est ouvert sur le monde : au-delà des frontières, des êtres humains, toujours plus nombreux, parlent notre langue. La francophonie, identité supranationale, est un espace généreux de coopération.

La vérité nous oblige toutefois à nuancer l'idylle. La querelle de la féminisation révèle crûment l'équivoque de notre rapport à cette francophonie. Certes, le discours officiel est une adhésion sans faille à la cause francophone. N'est-ce pas un Français (Onésime Reclus) qui inventa le terme ? Un président français (François Mitterrand) n'en réunit-il pas le premier Sommet de chefs d'État ? La France n'en est-elle pas le bailleur de fonds le plus prodigue ? L'énumération des gestes officiels masque mal, cependant, le faible intérêt de la nation et de ses élites pour une réalité qui leur est étrangère. Littérature française et littérature francophone ne mêlent pas leurs volumes, aux rayons des librairies et des bibliothèques ; le 20 mars, Journée internationale de la francophonie, est sans grand écho dans l'Hexagone. La francophonie, ce sont les autres et leur accent impayable. Or ces « autres » s'accroissent : 220 millions d'humains ont le français pour langue maternelle et l'emploient quotidiennement ; ils rendent désormais les Français minoritaires au sein des usagers. C'est un fait important de l'histoire de la langue, pour ne pas dire un tournant : nouvellement minoritaires, les locuteurs hexagonaux voient leurs représentations mises à mal ; l'arrogance langagière, notamment, est frappée d'obsolescence. Car ces autres, qui plus est, se sentent libres de leur parlure. Le temps est passé de l'infériorité linguistique, des « québécismes » et « belgicismes » pourchassés par les maîtres d'école locaux et faisant la fortune des puristes. On connaît la vieille blague québécoise : « Disez pas *disez*, disez *dites* ! » Cette insécurité périphérique a suscité, également, l'excellente école belge de grammaire : nul hasard si le monument qu'est *Le Bon Usage*, de Maurice Grevisse, fut conçu outre-Quiévrain. Pendant longtemps, c'est le meilleur « français de France », celui de la cour, puis de la classe aisée parisienne, qui servit de norme ; si cette variante fonde toujours ce que l'on peut appeler le « français de référence », tel qu'on l'enseigne, elle n'est plus le sévère corset d'une langue qui a conquis sa liberté en prenant son essor. Chaque bouture s'est enracinée, élevée, libre et vivace, portant de beaux fruits, créant des termes propres, des locutions particulières, des façons de dire aussi diverses que légitimes[1]. Mais cette vivacité repose sur une indépendance d'usage : à Montréal, comme à Bamako et à Namur, on ne se soucie plus guère de ce qui se dit à Paris. En un sens, la décolonisation vient d'atteindre la langue ; le travail de deuil colonial, en ce domaine, commence.

La féminisation des noms de métiers, titres et fonctions illustre à merveille cette autonomie francophone, et le laborieux deuil français ; car c'est en périphérie que tout a commencé. C'est-à-dire au sein de ce qu'une morgue hexagonale tient pour une appropriation marginale, incorrecte, voire illicite, de la langue. En 1998, alors que la querelle faisait rage en France, une tribune de l'académicien Marc Fumaroli ne craignait pas de dénoncer dans cette féminisation une « imitation tardive, timide, provinciale, coloniale, sur les traces du Canada et de la Wallonie, d'une mode sectaire qui a eu son épicentre dans les universités des États-Unis[2] ». Le contresens est patent, sur la date du phénomène, sur son origine, sur ses motivations ; l'erreur est d'autant plus navrante que ce mouvement, au lieu de traduire une influence féministe anglo-saxonne, exprimait ce qu'un académicien est censé vénérer : l'ardeur québécoise à défendre son indépendance. On criait « Vive le Québec libre ! » ; et vivent ses femmes, libres également, ainsi que sa langue.

1. Bernard Cerquiglini, *Enrichissez-vous : parlez francophone ! Trésor des expressions et mots savoureux de la francophonie*, Larousse, 2016.
2. Marc Fumaroli, « La querelle du neutre », *Le Monde*, 31 juillet 1998.

La victoire du Parti québécois de René Lévesque, en 1976, s'accompagna d'un vaste mouvement social aspirant au progrès et à la liberté : la société civile se mettait en marche. Les femmes prirent une grande part à cette Révolution tranquille, revendiquant une pleine égalité avec les hommes : le Québec se déprend alors autant de l'emprise patriarcale et cléricale que du pouvoir anglophone. Ce succès « péquiste » suscita une politique linguistique résolue : dès août 1977, la Charte de la langue française (dite loi 101) est promulguée, qui codifie l'ensemble de la législation concernant la langue (dont l'officialité), l'Office de la langue française (créé quelques années auparavant) reçoit personnels et moyens, ainsi qu'une double mission : franciser la vie publique, aménager la langue. Le français, langue officielle, doit pouvoir exprimer le monde contemporain aussi aisément et pleinement que l'anglais : l'Office se montrera particulièrement actif en matière de création terminologique. Le vocabulaire québécois, formé durant ces années 1970, qui parle d'« aménagement », voire d'« équipement » linguistique, peut rebuter ; c'est ignorer, d'une part, que la plupart des grandes langues furent « aménagées » (orthographe, normes grammaticales, création ou emprunt de termes techniques[1], etc.) ; c'est oublier ensuite que le français, sous la férule grammairienne depuis le XVIIe siècle, lexicalement enrichi à partir des Lumières, est un exemple singulièrement frappant d'aménagement pluriséculaire. L'Office québécois s'inscrivait dans une tradition, mais avec une ardeur juvénile à

1. Voir les remarques savamment sensées de Claude Hagège, « Voies et destins de l'action humaine sur les langues », *in* Ivstan Fodor et Claude Hagège (dir.), *Language Reform. History and Future*, Buske, 1983, t. I, p. 11-68.

répondre aux besoins du temps, inventant cette chose remarquable que les Français devraient méditer : la défense non puriste de sa langue.

L'essor des femmes en quête d'égalité et l'impulsion donnée à la langue allèrent de pair. En 1978, se saisissant des revendications féminines, le Conseil du statut de la femme publia un rapport de synthèse sur les conditions de parité sociale, à l'école, dans la famille, au travail, et, dans ce dernier cas, sur les voies et moyens de « désexiser » les emplois. Ce rapport fondateur, qui légitime et guide les pratiques novatrices, portait le titre significatif de « Pour les Québécoises : indépendance et égalité ». L'indépendance des femmes était revendiquée sur un fond discret d'indépendance nationale... Le rapport notait que la « désexisation » de l'emploi (recrutement, salaire, etc.) passait par la dénomination ; le Conseil validait l'exigence féminine d'avoir un nom à soi. Depuis quelque temps, les Québécoises révolutionnaient tranquillement leur idiome, se qualifiant d'*écrivaine*, de *députée*, de *praticienne*, sans en référer à quiconque ; ces néologismes infusaient les pratiques sociales, se répandaient dans les médias, atteignaient la vie administrative et politique, où ils posaient un problème de droit (nomenclature des fonctions) et de protocole. Ainsi, consulté par le bureau de l'Assemblée nationale (« Advenant la nomination d'une femme à la présidence de l'Assemblée, doit-on lui donner le titre de madame *le président* ou de madame *la présidente* ? »), l'Office de la langue française se saisit de la question[1]. Il publie le 28 juillet 1979, dans la *Gazette officielle du Québec*, un avis favorable à la féminisation, l'absence de féminins professionnels

1. Consulté par ses « cousins », le bureau de l'Assemblée nationale française répondit par un « madame *le président* » ferme et définitif.

relevant pour lui de raisons historiques et non pas linguistiques ; il assortit son avis de recommandations :

> Relativement au genre des appellations d'emploi, l'Office de la langue française recommande l'utilisation des formes féminines dans tous les cas possibles :
> – Soit à l'aide du féminin usité. Exemples : *couturière, infirmière, avocate.*
> – Soit à l'aide du terme épicène marqué par un déterminant féminin. Exemples : *une* journaliste, *une* architecte, *une* ministre.
> – Soit par la création spontanée d'une forme féminine qui respecte la morphologie française. Exemples : *députée, chirurgienne, praticienne.*
> – Soit par l'adjonction du mot *femme*. Exemples : *femme-magistrate-chef d'entreprise, femme-ingénieur.*

Nous pourrions en rester là. Et nous l'aurions dû, tant la question fut réglée en quelques lignes par les linguistes de l'Office, il y a bientôt quarante ans. Que retenir de leur avis ? Que les professions exercées par les femmes se désignent au féminin ; que le manque de dénomination féminine, pour certaines professions, vient de l'absence de femmes les occupant ; que la langue dispose des moyens morphologiques pour créer les féminins manquants. En 1979, l'Office promeut la pratique épicène, qui féminise par le déterminant [1], et recommande la construction à l'aide du préfixe *femme-*. L'usage québécois s'est montré depuis, sur ce dernier point, plus audacieux : les

1. Un terme épicène (du grec *épikoinos*, « possédé en commun ») offre la même forme au masculin et au féminin. Le prénom *Dominique*, l'article pluriel *les*, l'adjectif *bénévole*, le substantif *collègue* sont épicènes. Une rédaction soucieuse de donner une égale visibilité au masculin et au féminin est aujourd'hui qualifiée d'*épicène* (ou *inclusive*).

formes *magistrate*, *cheffe*, *ingénieure* sont venues rejoindre les féminins dérivés morphologiquement, en particulier grâce au nouveau suffixe *-eure*, sur le succès duquel nous aurons à revenir. Ces innovations québécoises se sont répandues[1].

Que la féminisation des métiers et des titres, au Québec, fût un changement linguistique immanent et vigoureux, on en a pour preuve les interventions régulières de l'Office, durant ces quarante dernières années, prenant acte d'un usage en évolution, essayant de le guider. En 1986, il publiait un guide au titre révélateur (*Titres et fonctions au féminin. Essai d'orientation de l'usage*), en 1991, un *Guide de féminisation des titres de fonctions et des textes*, en 2007, *Avoir bon genre à l'écrit. Guide de rédaction épicène.* Comme on le voit, le phénomène s'était développé (adoptant de nouvelles pratiques de féminisation) ainsi qu'étendu : il s'agissait d'inscrire la parité non seulement dans la langue (création d'un lexique féminin) mais dans les textes (rédaction non sexiste). De manière générale, le destin des guides (rapidement épuisés et réimprimés, notons-le) publiés au Québec, en Suisse, en Belgique, enfin en France, fut d'être dépassé par l'usage ; c'est à l'évidence un signe de bonne santé de la langue. Est également positive l'extension géographique du processus : la « périphérie » se montra des plus actives. En Suisse, le canton de Genève adoptait en 1988 une législation imposant aux administrations de féminiser les professions ; il en était de même en

1. « Libre à nos amies québécoises, qui n'en sont pas à une naïveté près en ce domaine, de vouloir se dire *une auteure*, *une professeure* ou *une écrivaine* ; on ne voit pas que ces vocables aient une grande chance d'acclimatation en France et dans le monde francophone », Maurice Druon, « Madame le ministre, Monsieur la souris », *Le Figaro*, 15 juillet 1997. Nul puriste n'est prophète en son pays…

1992 pour le canton de Berne, en 1994 pour celui du Jura, en 1995 pour celui de Fribourg ; entre-temps (1991) les cantons de Genève et du Jura avaient publié un *Dictionnaire féminin-masculin des professions, des titres et des fonctions*, dû à la linguiste Thérèse Moreau. En Belgique francophone, un « décret » voté le 21 juin 1993 par le Conseil de la Communauté recommande aux administrations (et aux institutions subventionnées) d'appliquer les « règles de la féminisation » et demande au Conseil supérieur de la langue française (que préside l'excellent linguiste Jean-Marie Klinkenberg) de préciser ces règles. Celui-ci remet son avis le 5 juillet ; les procédés morphologiques qu'il préconise sont publiés par un arrêté d'application le 13 décembre 1993. Dans la foulée, ce Conseil publie, en février 1994, une nomenclature de sept cents termes, *Mettre au féminin. Guide de féminisation des noms de métier, fonction, grade ou titre*, préparée par la lexicographe Michèle Lenoble-Pinson. L'administration, dans ces pays, prend parti ; ce faisant, elle montre l'exemple et accompagne l'essor de l'usage : la féminisation se répand. En Belgique francophone, notamment, le guide *Mettre au féminin* se vend comme gaufre chaude. Québec, Confédération helvétique, Communauté française de Belgique, plus tard Grand-Duché de Luxembourg (1998 : *Féminin-masculin, métiers, titres et fonctions*, en luxembourgeois, français et allemand) : durant ces années, l'inscription de la parité dans la langue forme un arc de cercle autour de l'Hexagone, qui résiste avec hauteur.

Dans ces pays francophones, quelques voix puristes s'étaient fait entendre dans la presse, mais l'incendie s'était éteint rapidement. Les protestations les plus vigoureuses vinrent de la France, qui se mêlait ainsi ouvertement de ce qu'elle pensait tenir en apanage. Le 1er février 1994, le secrétaire perpétuel de l'Académie française envoya une lettre, parallèlement publiée dans la presse belge, à son confrère Jean Tordeur, secrétaire perpétuel de l'Académie royale de langue et de littérature françaises. Maurice Druon, après une hautaine leçon de grammaire (appuyée sur l'avis de deux « éminents savants ») prohibant cette féminisation « abusive et choquante », invitait fermement son confrère à condamner le décret du 21 juin 1993, envers lequel il soupçonnait une coupable complaisance académique. Masquant mal sa stupeur et son agacement d'être ainsi tancé en public, Jean Tordeur répondit courtoisement par une lettre, le 16 février 1994, à la discourtoise arrogance. Le Perpétuel belge rappelait l'indépendance de son Académie, la présence en son sein des meilleurs grammairiens belges, la faveur raisonnable qu'elle donnait à la féminisation des professions, comme, de façon générale, à l'évolution de la langue, ce dont l'Académie française avait fourni quelques témoignages jadis :

> Le mouvement naturel de la langue et la transformation de la société entraînent nécessairement des changements, certes progressifs, à la fois dans le lexique et dans la syntaxe. L'Académie française elle-même l'a montré en introduisant dans son dictionnaire, en 1932-1935, plusieurs dizaines de féminins nouveaux, dont certains avaient d'abord été critiqués [1].

Renvoyé dans ses buts par son confrère d'outre-Quiévrain, le Perpétuel français n'en démordit pas. Un jour de 1998, comme, à bout d'arguments, nous lui faisions valoir que des peuples francophones avaient opté pour le changement linguistique, nous prenant par le bras et se

1. « Lettre à Maurice Druon », 16 février 1994.

penchant à notre oreille, comme en quête de complicité, il glissa : « Nous n'allons tout de même pas imiter ces gens-là[1] ! »

1. Saluons la constance de Maurice Druon, écrivant quelques années plus tard : « J'ai une profonde affection pour les Québécois. Mais ce n'est pas chez eux que j'irai prendre des leçons de langage. Ils ont emporté outre-Atlantique le parler patoisant du Poitou du début du XVIIe siècle, avant Vaugelas et Voiture, avant Boileau, avant Racine » (« Non à une langue défigurée », *Le Figaro*, 29 décembre 2005). Après cet article et quelques déclarations similaires, son affection pour le Québec ne fut plus réciproque.

CHAPITRE 2

La campagne de 1984

Et pourtant, « ces gens-là », nous avions tenté de les imiter. Ou du moins certaines Françaises avaient éprouvé une exaltation comparable à l'euphorie québécoise, porteuse d'aspirations semblables à l'égalité homme-femme et au désir qu'elle se traduise dans le lexique. La féminisation des professions et des titres n'a commencé à se diffuser en France qu'à partir de 1998, grâce aux nouvelles modalités de (dé)nominations en Conseil des ministres et au débat qui s'en est suivi ; une « première campagne » avait toutefois précédé, dont l'échec est des plus révélateurs.

L'élection de François Mitterrand à la présidence de la République, en mai 1981, s'était accompagnée d'un esprit de « libération joyeuse », traduite notamment par la promotion juridique des femmes (nomination, le 21 mai, d'Yvette Roudy au ministère délégué aux Droits de la femme) et concrètement par une politique en faveur de l'égalité au travail. Anticipant la grande loi du 13 juillet 1983 sur l'égalité professionnelle entre les femmes et les hommes, la circulaire conjointe d'Yvette Roudy et d'Anicet Le Pors du 24 janvier 1983, « relative à l'égalité entre les femmes et les hommes et à la mixité de la fonction publique », proposait des mesures destinées à réduire les disparités. Le recrutement, en premier lieu, devait être explicitement ouvert aux deux sexes, et le libellé des emplois rendu non dissuasif. La circulaire commençait par des conseils de rédaction :

> Le souci de promouvoir l'égalité entre les femmes et les hommes ne conduit pas à déroger au principe du recrutement par concours. Toutefois, il importe que l'administration ne décourage pas les candidates potentielles par l'image qu'elle donne d'elle-même. Le libellé des avis de concours, comme celui des appels de candidatures pour pourvoir les vacances de postes, devra être rédigé de telle sorte que femmes et hommes puissent, sans ambiguïté, se sentir également concernés par ces avis ou appels. Dans ce but, on fera figurer, à côté de la dénomination masculine, la dénomination féminine de l'emploi en cause ; lorsque les usages de la langue ne le permettront pas, la formule « femmes et hommes » devra suivre l'appellation ; dans tous les cas, l'ordre alphabétique sera suivi [1].

Ces lignes expriment pour la première fois en France une volonté gouvernementale de féminiser la dénomination des professions. Cette avancée est certes timide et prudente ; si on la compare à la situation québécoise au même moment, elle se montre fort respectueuse de la norme : cette circulaire n'est-elle pas signée *du* ministre *délégué* auprès du Premier ministre, ministre des Droits de la femme ? La contradiction n'avait échappé ni au président Mitterrand, s'exprimant lors de la première Journée internationale des femmes, le 8 mars 1982, et remarquant au sujet d'Yvette Roudy :

> Voyez comme, prononçant son nom, j'ai dû faire précéder sa fonction de madame *le* ministre des Droits de la femme : là il

1. *Journal officiel*, 23 février 1983.

> faudrait organiser la grammaire pour savoir de quoi il retourne[1]...

ni « au » ministre des Droits de la femme, elle-même :

> Mon propre décret d'attribution m'appelait « madame *le* ministre ». Quand j'ai lu – parlant de moi – « *il* pourra... », j'ai dit non. Il existe des limites à ne pas dépasser. Je n'ai tout de même pas changé de sexe en accédant à un poste prévu pour les hommes[2] !

Quelque chose n'allait pas dans la grammaire ; et, pour commencer, on constatait une déficience du lexique. Les premières mises en œuvre de la circulaire de février 1983 firent apparaître que bien des dénominations féminines d'emploi, dont on requérait la présence conjointe avec les masculines, étaient inexistantes. Si l'on pressait l'administration de féminiser ses professions, encore fallait-il la pourvoir de vocabulaire ; on s'y employa.

Cet état d'esprit « québécois » d'aménagement de la langue s'inscrivait en fait dans une tradition française, épanouie au cours de la seconde moitié du XXe siècle avec une originalité et une fécondité insuffisamment soulignées. Afin de mettre les choses en perspective, il convient de reprendre un peu plus haut. En matière d'intervention sur

1. Cité par Claudie Baudino, *Politique de la langue et différence sexuelle. La politisation du genre des noms de métiers*, L'Harmattan, 2001, p. 29, dont l'exposé d'ensemble est remarquable.

2. Yvette Roudy, « Madame la... », *Le Monde,* 3-4 juin 1984. Ce masculin devait poursuivre longtemps Mme Roudy. Dans leur « Adresse au président de la République » du 9 janvier 1998, Maurice Druon, Hélène Carrère d'Encausse et Hector Bianciotti, qui n'en démordent pas, écrivent : « Déjà, en 1984, *un* ministre *délégué* aux Droits des femmes avait voulu créer une commission... »

la langue française (un idiome qui, rappelons-le, fut largement aménagé), il est deux traditions en France. L'une, majoritaire, est bien connue : elle s'emploie à *purifier* la langue. Ayant pris son essor au XVIIe siècle (« Enfin, Malherbe vint ! »), elle a façonné un idiome dont les vertus proclamées (rigueur, précision, élégance) doivent beaucoup à l'épuration opérée par l'Académie française (dont le dictionnaire est sélectif) et les grammairiens. Citons Dominique Bouhours :

> Ce n'est pas avoir appauvri la langue, que d'en avoir retranché ces vilains mots. On n'est pas moins riche pour avoir tout son bien en pierreries, & à mon avis ce n'est pas une marque d'indigence de s'estre défait d'une infinie de choses inutiles & embarrassantes [1].

Nous qualifierons la seconde tradition, minoritaire, de *nataliste*. Elle tient qu'une langue, comme une nation, est forte des enfants qu'elle a mis au monde ou adoptés, en nombre. Ce courant de pensée fut illustré notamment par Ronsard et Du Bellay, Louis-Sébastien Mercier (*Néologie*), Pierre Larousse (et son *Grand dictionnaire universel* républicain), etc. Retenons que Fénelon, car il est académicien français, intéressé aux théories populationnistes, est l'auteur d'une *Lettre sur les occupations de l'Académie françoise* (1714) où on lit :

> Nostre langue manque d'un grand nombre de mots et de phrases. Il me semble mesme qu'on l'a gênée et appauvrie depuis environ cent ans, en voulant la purifier. [...] On a retranché, si je ne me trompe, plus de mots qu'on en a intro-

1. Dominique Bouhours, *Les Entretiens d'Ariste et d'Eugène*, éd. B. Beugnot et G. Declercq, Honoré Champion, 2003, p. 134.

> duit. D'ailleurs je voudrois n'en perdre aucun et en acquérir de nouveaux. Je voudrois autoriser tout terme qui nous manque et qui a un son doux sans danger d'équivoque [1].

Un natalisme quiétiste tolérant répondait au malthusianisme du jésuite Bouhours. Cette tradition a suscité, au XXe siècle, la production terminologique française, dont Loïc Depecker, dans *L'Invention de la langue* [2], a décrit la genèse et le développement, spontané puis officialisé à partir de la fin des années 1960. Quelles en sont les sources ? Un certain anti-américanisme linguistique (Étiemble publie en 1964 son pamphlet *Parlez-vous franglais ?*) partant en guerre contre les anglicismes est à prendre en compte, car il fut médiatisé. Les deux causes les plus profondes relèvent de l'équipement. D'une part, les grands polytechniciens du gaullisme : ils entendent enrichir le lexique comme ils équipent la France des Trente Glorieuses d'infrastructures, d'entreprises publiques, d'armes de dissuasion. Nul hasard si cet aménagement de la langue, cousin de celui du territoire, a porté d'abord sur le vocabulaire du pétrole et de l'énergie nucléaire : les ingénieurs se regroupent, « franciseurs » (comme on dit au Québec) bénévoles, en cercles, comités d'étude, et créent les termes techniques dont ils ont besoin. La seconde source est la tradition de natalisme lexical évoquée plus haut. Délégué général à la langue française de 1989 à 1993, chargé à ce titre de coordonner la production terminologique, nous eûmes la chance de rencontrer longuement Alfred Sauvy quelques mois avant sa

1. Fénelon, *Lettre à l'Académie*, éd. E. Caldarini, Droz, 1970, p. 31.

2. Loïc Depecker, *L'Invention de la langue : le choix des mots nouveaux*, Armand Colin-Larousse, 2001. Voir également Michel Chansou, *L'Aménagement lexical en France pendant la période contemporaine (1950-1994)*, Honoré Champion, 2003.

disparition. Ce grand démographe, professeur au Collège de France, militant populationniste, nous dit sa passion, inattendue, pour l'aménagement linguistique et la création terminologique, son intérêt pour l'expérience québécoise (on sait qu'au Québec l'Église catholique défendait la langue en veillant à ce que les familles fussent nombreuses), son désir que l'État, en France, se saisît officiellement de la question. « Seul l'État pouvait mettre de l'ordre dans ce fouillis de comités techniques, de groupes d'étude, etc. Je suis allé voir Chaban, lui ai demandé un décret, et je l'ai eu. » L'intervention de Sauvy fut d'autant mieux reçue qu'elle s'inscrivait dans ce qui prenait figure de « politique linguistique gaullienne », participant du dirigisme d'État : en 1966, le Premier ministre Georges Pompidou avait installé un Haut Comité pour la défense et l'expansion de la langue française. C'est dans ce contexte que s'inscrit le décret « relatif à l'enrichissement de la langue française » du 7 janvier 1972, signé du Premier ministre Jacques Chaban-Delmas.

Ce décret décide la création, dans chaque ministère, d'une « commission de terminologie », ayant mission (article 2) « d'établir pour un secteur déterminé un inventaire des lacunes du vocabulaire français ; de proposer les termes nécessaires soit pour désigner une réalité nouvelle, soit pour remplacer des emprunts indésirables aux langues étrangères ». On est bien dans l'aménagement étatique, ce que prouvent la composition des commissions, à bon droit *ministérielles*, formées d'administratifs, de techniciens, de représentants de l'Afnor, etc. (et recevant les conseils de quelques linguistes), ainsi que leur mode de publication, sous forme d'arrêtés signés par le ministre concerné, cosignés par le ministre de l'Éducation nationale et publiés au *Journal officiel*. L'emploi des termes publiés s'impose à l'administration, est recommandé au grand public. En un demi-siècle, des centaines de termes sont ainsi issus des commissions ; leur technicité les réserve le plus souvent aux spécialistes, mais nombre d'entre eux ont infusé la langue commune, dont les utilisateurs n'ont pas conscience, par exemple, que les mots *affacturage*, *disquette*, *dopage*, *gazole*, *ingénierie*, *logiciel*, *monospace*, *pétrolier*, *voyagiste* furent créés de toutes pièces.

Et l'Académie française ? Elle est alors assez étrangère à cette problématique d'ingénieurs ; en outre, depuis le XVIIe siècle, son dictionnaire, au rebours de ceux de Richelet et de Furetière, s'est fermé aux lexiques techniques et scientifiques. Toutefois, elle a statutairement autorité sur la langue ; son prestige est grand, ses membres de bonne volonté. On commence par les associer courtoisement (quelques académiciens français accompagnent leurs confrères de l'Académie des sciences dans les comités d'étude, s'initiant aux charmes de la pétrochimie et de la télédétection aérospatiale) ; on la consulte respectueusement dès que les commissions ministérielles sont mises en place. Ayant préparé la publication de tous les arrêtés de terminologie parus entre 1989 et 1993, nous pouvons attester que cette consultation fut systématique et témoigner que, sur l'esthétique des termes en débat et la clarté de leur définition, elle fut féconde. En témoigne également, au plan du droit, le splendide pléonasme qui ouvre le décret du 7 janvier 1972 : « Vu l'avis de l'Académie française consultée ». Tout allait donc pour le mieux dans le meilleur des mondes aménagistes, jusqu'à la question de la féminisation : jusqu'à cette affaire, exclusivement.

Le français, en France, manquait de dénominations professionnelles féminines ; la solution était à portée de main : en confier la création à une commission de terminologie établie à cette fin. Ce qui fut fait par le décret du 29 février 1984, « portant création de la commission de terminologie relative au vocabulaire concernant les activités des femmes ». Créée auprès *du* ministre *délégué* aux droits de la femme, celle-ci avait pour missions (article 2) :

> – d'établir un inventaire des lacunes du vocabulaire français dans ce domaine en tenant compte des besoins manifestés par les usagers ;
> – d'établir des règles de formation de féminins inusités quand les fonctions correspondantes ont été traditionnellement occupées par les hommes ;
> – de proposer des termes nouveaux pour les fonctions dont la féminisation paraît impossible, soit parce qu'elle crée une ambiguïté trop grande avec un terme existant, soit pour des raisons d'euphonie, soir parce que la forme habituelle de féminisation est tombée en désuétude ;
> – de proposer des titres nouveaux lorsqu'il n'existe pas d'équivalents masculins aux titres féminins ;
> – de répondre à la demande en matière de féminisation des noms de professions afin d'éviter le sexisme dans les offres d'emploi ;
> – et, de manière plus générale, de faire des propositions nécessaires pour éviter que la langue française ne soit porteuse de discriminations fondées sur le sexe.

Ce sont les missions d'une commission de terminologie, replacées il est vrai dans un contexte politique ; l'article 1 articulait *lacunes* et *légitimation* :

> La féminisation des noms de professions et de titres vise à combler certaines lacunes de l'usage de la langue française dans ce domaine et à apporter une légitimation des fonctions sociales et des professions exercées par les femmes.

Mais, pour le reste, il s'agit d'une commission de terminologie normale, et même exemplaire. On nomme à sa présidence une personnalité connue, notamment pour son action en faveur de la cause des femmes, Benoîte Groult ; on la constitue de représentants de divers ministères ; on y introduit des linguistes choisis parmi les plus compétents : Nina Catach, spécialiste incontestée de la graphie du français ; Anne-Marie Houdebine et son laboratoire de l'université d'Angers ; Josette Rey-Debove, secrétaire générale du dictionnaire *Le Robert* ; André Martinet, alors le grand maître de la linguistique en France ; Michèle Bourgoin, Edwige Khaznadar, Jackie Schön (toutes trois spécialistes de la question) ; enfin, un académicien, Pierre Moinot, assista aux premières séances. Le fonctionnement de cette commission fut également exemplaire[1] : on se procura des listes de plusieurs milliers de dénominations féminisées (fournies par *Le Robert*, l'Insee, des grands ministères) ; on étudia les néologies québécoises[2] ; on décida enfin de ne pas publier de nomenclature, mais de rappeler, comme l'avait fait l'Office du Québec, les règles de formation des féminins en français – on assurait ainsi une féminisation dynamique du lexique. L'arrêté mis au point en mars 1985 rappelait notamment la légitimité de dénommer les professions féminines ; une annexe décrivait avec soin et prudence la morphologie de cette dérivation : on se contentait,

1. Loïc Depecker, qui travaillait alors au commissariat général à la langue française, chargé de l'assistance administrative des commissions de terminologie, donne dans son ouvrage (*op. cit.*, p. 315-328) un impressionnant exposé des activités de la « commission Groult ».

2. Notamment par l'intermédiaire de la combative Louise Beaudoin, alors en poste à Paris, qui venait de saisir le Haut Comité de la langue française, pour protester contre le titre de « madame *le délégué général* du Québec » que le ministère des Affaires étrangères employait à son égard.

par exemple, de féminiser les déterminants (*une* auteur, *une* professeur), alors que *autrice*, *auteure*, *professeure* étaient possibles et attestés. Il ne restait plus qu'à publier. Les choses alors se gâtèrent : jamais un arrêté n'avait mieux porté son nom.

Durant plusieurs mois, inertie administrative et mauvaise volonté se disputèrent la palme de la lenteur. Enfin, en janvier 1986, on soumit le texte, pour contreseing, au ministre de l'Éducation nationale : Jean-Pierre Chevènement refusa de le signer, bloquant le processus. Yvette Roudy en appela à François Mitterrand, qui exigea de son Premier ministre Laurent Fabius une solution rapide, car le temps pressait : les élections législatives, prévues pour le dimanche 16 mars, s'annonçaient mauvaises pour la majorité présidentielle, qui les perdit effectivement. On eut l'idée d'en faire une simple circulaire, mais signée du Premier ministre lui-même, et adressée aux ministres. Reprenant la substance du projet d'arrêté, elle ne frappe pas aujourd'hui par son caractère révolutionnaire :

> Le Premier ministre, à Mesdames et Messieurs les ministres et secrétaires d'État,
>
> L'accession des femmes, de plus en plus nombreuses à des fonctions de plus en plus diverses, est une réalité qui doit trouver sa traduction dans le vocabulaire.
>
> Pour adapter la langue à cette évolution sociale, Mme Yvette Roudy, ministre des Droits de la femme, a mis en place, en 1984, une commission de terminologie chargée de la féminisation des noms de métier et de fonction, présidée par Mme Benoîte Groult.
>
> Cette commission vient d'achever ses travaux et a remis ses conclusions. Elle a dégagé un ensemble de règles permettant la féminisation de la plupart des noms de métier, grade, fonction ou titre. Ces règles sont définies en annexe à la présente circulaire.

> Je vous demande de veiller à l'utilisation de ces termes : dans les décrets, arrêtés, circulaires, instructions et directives ministériels ; dans les correspondances et documents qui émanent des administrations, services ou établissements publics de l'État [...].
> Pour ce qui concerne les différents secteurs d'activités économiques et sociales dont vous avez la charge, il vous appartient de prendre les contacts nécessaires avec les organisations socioprofessionnelles concernées afin d'étudier les modalités spécifiques de mise en œuvre de ces dispositions.
> Laurent Fabius

Datée du 11 mars 1986, elle fut publiée au *Journal officiel* le fameux dimanche 16 : in extremis. On peut juger de l'effet, quasiment nul, d'une circulaire publiée dans ces conditions. Il y a pire. Louis Schweitzer, qui dirigeait le cabinet du Premier ministre, nous en a fait l'aveu : sachant les réticences de Laurent Fabius envers ce texte, il avait profité de l'absence de ce dernier, battant la campagne (électorale), pour le viser par procuration et le faire publier... Rendons grâce à ce haut fonctionnaire attaché au progrès de la condition féminine ; il a sauvé l'honneur d'une gauche soudain étonnamment frileuse, désavouant le ministère Roudy et ses promesses, ingrate envers le remarquable travail de la commission Groult. Une gauche capable d'abolir la peine de mort contre l'opinion publique flanchait devant une avancée lexicale de bon sens, que l'usage validerait quelques années plus tard. Que s'était-il passé ?

Les Verts avaient vu rouge. Une condamnation solennelle de l'Académie française avait fait reculer des ministres impressionnés par l'autorité du discours puriste, déstabilisés également par l'universelle raillerie de l'arrogance masculine. Aux foudres académiques répondait la galéjade gauloise. On imagine mal avec quelle ironie, quel dédain, quelle hostilité fut accueillie la commission Groult. La moins malveillante des réactions fut le persiflage lourdingue ; ainsi, ce billet :

> Lutter contre le sexisme des mots, donner aux femmes écrivains le statut d'écrivaines, aux députés du beau sexe le beau nom de députées et aux femmes ministres leurs portefeuilles de ministresses, tel est le projet qu'assigne Mme Yvette Roudy à une commission qu'elle vient de mettre en place. La première femme qui sera élue cheftaine de l'État aura ainsi devant elle une septennale pour tenir, avec la gouvernemente, les engageaisons de sa programmature électorale et conduire la France sur les chemines de la progresserie dont elle a tant besoigne.

On voit qu'*écrivaine* et *députée*, dans leur « nouveauté », déplaisent à l'auteur, ce que l'on peut admettre. La prérogative de l'humour, l'ardeur polémiste, la stylistique propre au billet sont de bonne guerre ; mais autorisent-elles à citer des néologismes, tels *ministresse*, *cheftaine de l'État*, qui ne furent jamais envisagés, à supposer une féminisation quasi totalitaire du lexique commun (*gouvenemente*, *besoigne*), voire à attribuer à la commission des intentions néologiques insensées (*septennale*, *programmature*, *progresserie*) ? Tout cela, laisse-t-on entendre, provient de l'ignorance de la langue dont ces dames, bas-bleus incultes, font preuve (*engageaisons*). Certes, ce qui est excessif est insignifiant ; mais cet excès traduit la vieille ironie masculine contre la prétention des femmes à se mêler de la langue. Molière, déjà, dans *Les Précieuses ridicules*, Somaize, dans son *Dictionnaire des précieuses*, avaient caricaturé le désir de celles qui, rétives au purisme mâle et latinisant, prétendaient disposer de leur parler. De cette tradition, ce billet donne une version qui frappe par sa grossièreté. On s'étonnera sans doute d'apprendre qu'il fut publié dans le « quotidien de référence », *Le Monde*, du 28 avril 1984, sous la plume de Bruno Frappat, futur rédacteur en chef de ce journal, puis de *La Croix* : en matière de journalisme, on ne fait guère plus sérieux ni respectable. Sauf quand il s'agit d'inscrire dans la langue l'égalité des hommes et des femmes. Comme le remarquait, lassée par ce fatras, la présidente Groult :

> On est consterné par l'ignorance ou la mauvaise foi de ceux (et celles) qui feignent de croire que cette « commission des précieuses ridicules » créée par la « cheftaine Roudy » (*Le Quotidien de Paris*) pour « enjuponner le vocabulaire » (*Le Figaro magazine*) va faire assaut de « clitocratie » (*France-Soir*) et susciter des mots absurdes tels que « cheftesse d'État, députrice ou majordame » (Alain Gillot-Pétré dans *Libération*) [1].

On ne touche pas à la langue, dont l'Académie française a la magistrature et l'apanage. Se mêlant d'aménagement linguistique, mettant en cause la primauté masculine sur le lexique, desserrant le carcan puriste, la commission Groult avait commis un exemplaire crime de lèse-Académie : la réaction fut exemplairement violente. Exagération, diatribe, sarcasme provinrent à leur tour du quai de Conti ; ainsi, ce billet de l'académicien Jean Dutourd :

> Le décret [créant cette commission] précise que « la féminisation des noms de professions et des titres vise à combler certaines lacunes de la langue française ». On a bien lu « lacunes ». Ces gens de pouvoir ne doutent de rien ! Que savent-ils des lacunes de la langue française, eux qui connaissent à peine cinq

1. Benoîte Groult, « Réponse à quarante messieurs-dame », *Le Monde*, 17 juillet 1984. La gent masculine s'exprimant dans la presse se gaussa particulièrement de la *pompière* : elle en fit, si l'on ose dire, des gorges chaudes.

cents mots et, lorsqu'ils ont à parler en public, sont aussi plats, ternes et indigents que des cancres appelés au tableau noir par le maître d'école ? Le français a peut-être des lacunes (encore que je ne vois[1] pas bien lesquelles) ; en tout cas, elles ne sont pas où le gouvernement croit les localiser[2].

Le polémiste en habit vert était choqué par un terme qu'employait le décret fondant cette commission de terminologie : « établir un inventaire des *lacunes* du vocabulaire français ». Nul ne lui avait fait remarquer que la formulation reprenait le décret de 1972 créant ces commissions, lequel avait reçu un avis positif de l'Académie française « consultée », qui s'était, par la suite, associée volontiers au travail et au succès de ces commissions. On ne peut pas tout savoir, même quand on traite le gouvernement de cancre. Mais Dutourd avait vendu la mèche : pas question de se mêler de la langue en dehors de l'Académie. Celle-ci régit à la création de la « commission Groult » par une déclaration rendue publique le 14 juin 1984, dont Dutourd et d'autres académiciens (Alain Peyrefitte et Jean Guitton, dans *Le Figaro*) assurèrent la promotion. Cette déclaration était habile, car elle ne se limitait pas à une condamnation, mais adoptait un ton pédagogique et, qui plus est, avant-gardiste. Un vent de modernité soufflait sur le quai de Conti, qui semblait s'ouvrir à la linguistique structurale.

Que retenir de cette déclaration, « adoptée à l'unanimité » ? Tout d'abord un refus global de toute féminisation

1. Notons que la locution conjonctive de concession « encore que » est suivie du subjonctif.

2. « La semaine de Jean Dutourd. L'Académie française fait savoir solennellement que les mots n'ont pas de sexe », *France-Soir magazine*, 23 juin 1984.

professionnelle ; l'Académie parle du « vocabulaire des métiers » dans son ensemble : il faudra s'en souvenir quand, plus tard, nous verrons la Compagnie réduire (sans la moindre explication) ses ukases aux titres et fonctions, puis aux dignités éminentes. Ensuite, la condamnation s'accompagne, ce qui est rare, d'une leçon de grammaire et, fait plus rare encore, d'une analyse attribuée à la linguistique contemporaine. Cet aggiornamento est habile : elle renvoie à l'« ancienne grammaire » (sans autre précision [1]) les genres *masculin* et *féminin*, lesquels, par leur dénomination, ne sont pas sans évoquer la distinction des sexes. Rien de tout cela ! Foin des vieilleries, auxquelles les féministes succombent ; seule la Compagnie est moderne. En effet, ces « vocables sont impropres » (ils sont pourtant employés continûment par le dictionnaire de l'Académie, encore aujourd'hui, en tête des articles), car il n'existe qu'un genre *non marqué* (l'ancien masculin), « que l'on peut appeler aussi extensif en ce sens qu'il a la capacité à représenter à lui seul les éléments relevant de l'un et de l'autre genre » :

> Quand on dit « tous les hommes sont mortels », « cette ville compte 20 000 habitants », « tous les candidats ont été reçus à l'examen », etc., le genre non marqué désigne indifféremment des hommes et des femmes.

Notons que la déclaration choisit adroitement ses exemples, tous au pluriel (nous y reviendrons au chapitre suivant). Issue de la phonologie, cette notion de « marque » eut les faveurs de la pensée structurale, essentiellement

1. De quoi s'agit-il ? De son propre ouvrage, *Grammaire de l'Académie française* (Firmin-Didot, 1932), dû à la plume du douteux Abel Hermant, et dont on sait la qualité médiocre ?

binaire[1] ; elle rend compte d'une dissymétrie au sein d'un couple, un terme possédant une plus large extension : ainsi en sémantique, « longueur » est non marqué par rapport à « petitesse » (on mesure la *longueur* d'un objet, même s'il est fort petit). La « marque » ne porte aucune valeur dépréciative ; la façon dont la déclaration académique décrit le genre marqué (ancien féminin) ne laisse donc pas de surprendre :

> En revanche, le genre dit couramment *féminin* est le genre marqué, ou intensif. Or, la marque est privative. Elle affecte le terme marqué d'une limitation dont l'autre seul est exempt. À la différence du genre non marqué, le genre marqué, appliqué aux êtres animés, institue entre les sexes une ségrégation.

Les mots ne sont pas neutres : « privatif », « limitation » (dont l'autre serait « exempt »), « discriminatoire » (employé un peu plus loin), « ségrégation ». Ce dernier terme est d'une violence concrète en 1984 (apartheid) ; mais il est choisi à dessein : on laisse entendre que le genre féminin, marqué, enferme les femmes, ainsi parquées. L'Académie vole à leur secours : si elle est désormais structuraliste, elle se révèle également féministe et progressiste, accordant aux femmes l'insigne privilège d'être désignées comme des hommes. Le troisième trait de ce texte est la singulière apologie du masculin auquel il procède. Genre non marqué, bon à toutes mains, sans valeur dévalorisante, le masculin s'impose ; il est universel : c'est la version structuraliste du « genre noble » des grammairiens du

1. Michel Viel, « N.S. Trubetzkoy et R. Jakobson : à l'origine de la notion de "marque" en linguistique et de sa fortune depuis cinquante ans », *Revue des études salves*, n° 55, 1983, p. 375-382.

XVIIIe siècle[1]. Des manques se relèvent-ils dans les dénominations professionnelles féminines ? La solution est évidente : recourir au masculin :

> Il en résulte que, pour réformer le vocabulaire des métiers et mettre les hommes et les femmes sur un pied de complète égalité, on devrait recommander que, dans tous les cas non consacrés par l'usage, les termes du genre dit « féminin » – en français, genre discriminatoire au premier chef – soient évités ; et que, chaque fois que le choix est ouvert, on préfère pour les dénominations professionnelles le genre non marqué.

Comme dirait le regretté Jean Dutourd : « On a bien lu ! » Le travail de la « commission de terminologie relative au vocabulaire concernant les activités des femmes » est achevé avant même d'avoir commencé : l'Académie française propose de combler les lacunes par le masculin, dont elle recommande l'emploi « généralisé ». On voit combien l'usage lui a donné raison !...

Une opinion conservatrice se revêt ainsi des habits de la science[2]. Dès le mois de juillet 1984, quelques académiciens laissent fuiter les noms des rédacteurs, que l'Académie révélera dans sa déclaration du 21 mars 2002, au cours de la « seconde campagne » :

1. Benoîte Groult commentera plus tard avec bon sens : « C'est le coup du suffrage *universel* qu'ils nous refaisaient », *Histoire d'une évasion*, Grasset, 1997, p. 201.

2. Sur la faiblesse des arguments académiques, nous renvoyons une fois pour toutes aux excellentes analyses de l'ouvrage *L'Académie contre la langue française. Le dossier « féminisation »*, de Maria Candea, Yannick Chevalier, Sylvia Duverger, Anne-Marie Houdebine et Éliane Viennot (dir.), Éditions iXe, 2015.

Les professeurs Georges Dumézil et Claude Lévi-Strauss, à qui la Compagnie avait confié la rédaction de ce texte…

Deux professeurs du Collège de France, parmi les plus glorieuses figures des sciences humaines ! Ce n'était pas rien ; l'argument d'autorité devient massif. Il ne parvient cependant pas à celer sa fonction : cautionner le purisme phallocrate, en masquant une misogynie qui ne demande qu'à s'exprimer. À cet égard, la vanité de Georges Dumézil va lui jouer un tour. En septembre 1984, *Le Nouvel Observateur* (qui passe alors pour le magazine du progressisme intellectuel) accepte de publier un entretien fictif avec le grand professeur (« Georges Dumézil, académicien de bonne humeur, nous a proposé ce texte où il pose à lui-même ses propres questions ») ; il est intitulé « Madame Mitterrande ? Madame Fabia ? ». Le titre montre que le ton ne sera pas celui de l'objectivité scientifique. C'est le cas : ce pseudo-entretien ne contribue pas à la gloire du maître, mais il est révélateur. Qu'y trouve-t-on ? Un peu de science, pas toujours appropriée. Dumézil disserte ainsi sur le caractère aléatoire du genre en indo-européen, ce qui est vrai des inanimés (*le* soleil, *la* lune), mais pas de la dénomination d'une personne singulière, qui est soit *boulanger*, soit *boulangère* ; il paraphrase maladroitement l'idée d'un « genre non marqué » :

> Tout ce que l'on peut dire, c'est que, statistiquement, le masculin est le genre le plus répétitif et que, lorsqu'on résume sous une désignation commune des variétés mâles et femelles d'une même espèce, c'est en général le prétendu « genre mâle » qui représente les deux sexes ; « les habitants de Paris », « la vie des paysans au Moyen Âge », « mes proches parents ».

Notons que, de nouveau, les exemples fournis sont au pluriel ; or il s'agit de désigner une personne *singulière*, à qui on refuse une dénomination *particulière*. Pour le reste, Georges Dumézil défend la norme académique :

> Serai-je contraint, sous peine de violer la syntaxe ou l'orthographe, de dire *la commissaire de police du septième*, ou *la professeure de mathématiques* ?

S'il était encore parmi nous, l'éminent professeur serait contraint... de constater que les formes féminines qu'il dénonce sont devenues d'emploi général et courant[1]. Le grand savant, paterne et docte, fut promptement désavoué par l'usage. Sa science était-elle solide ? Ou bien n'était-ce qu'un vernis ? Le fond de son exposé est un mélange d'exagérations et de sarcasmes :

> Mme le recteur est d'autant plus opportun que la rectrice, comme la maréchale, la préfète, n'ont jamais été autre chose que les conjointes de leurs maris. Dira-t-on, pour « féminiser » sans « conjugaliser », Mme la recteuse et Mme la rectoresse ?

De longues études de linguistique ne sont pas requises pour comprendre que les mots, dans leur histoire, changent d'emploi, et que ce changement est graduel : la *rectrice* désigne aujourd'hui la femme chargée d'un rectorat (et encore, pour quelques dumériliens, l'épouse d'un recteur ; cette acception toutefois n'est plus relevée dans le *Petit Larousse* 2018). Point n'est donc besoin d'inventer des *recteuses* et *rectoresses* auxquelles personne n'a songé, et qui

1. Les exemples incontestables sont sans nombre. Ainsi, les souvenirs de Mireille Ballestrazzi, direct*rice* central*e* de la police judiciaire, *Madame la commissaire*, Presses de la cité, 1999.

ne servent qu'à ridiculiser l'entreprise de féminisation des professions. Tout comme l'extension insensée aux noms propres :

> Alors Mlle Dupont, qui devrait d'ailleurs être Mlle Duponte, va-t-elle, en épousant M. Durand, devenir Mme Durande ? […] Mais alors, imaginez les conséquences : Mme Groulte, Mme Mitterrande, Mme Fabia…

Sous l'ironie bonhomme gît l'antique misogynie, prête à mordre. Une seule création néologique trouve grâce aux yeux de Georges Dumézil ; le lecteur et surtout la lectrice seront heureux d'apprendre quel féminin a, par exception, sa faveur :

> Dans les vingt ou vingt-cinq dernières années, j'ai vu naître, devançant la commission, un petit nombre de féminins auxquels on ne pensait pas et dont on ne peut plus se passer. Ainsi l'admirable substantif « conne [1] ». […] Ce féminin sonore, qui s'élance tout droit du fond de la gorge alors que son masculin fait un étrange détour par le nez, rappelle opportunément que la maladresse n'est pas un monopole des pénipotents.

Un des rares féminins acceptables, voire recommandables, est une insulte. C'était donc cela. Les deux professeurs qui avaient tenu la plume pour leur Académie n'étaient pas les plus ardents défenseurs de l'égalité des sexes. Dans son « auto-entretien » complaisant, Georges Dumézil finissait par tomber le masque ; quant à Claude Lévi-Strauss, dont on n'ignore pas le conservatisme

1. Une simple consultation du *Petit Robert* enseigne que ce féminin de l'adjectif-substantif « con » n'est pas de création récente : on le relève vers 1831.

assumé, nous rappellerons qu'il s'était opposé à l'élection de Marguerite Yourcenar[1].

Il n'empêche, la Compagnie avait exercé son magistère sur la langue, et donné une remarquable démonstration de stratégie. La commission de terminologie de Benoîte Groult s'adjoignait-elle André Martinet, le plus éminent linguiste français (peu connu, il est vrai, hors de sa discipline) ? Elle alignait deux sommités mondiales des sciences humaines. La commission s'intéressait-elle aux règles morphologiques du français ? Émanait du quai de Conti un cours magistral de linguistique moderne ; par le plus grand des hasards, cette leçon confortait la traditionnelle primauté du masculin et rendait vaines les activités de la commission. Une science si exacte étayant la tradition, et servant une si prestigieuse autorité, exprimée avec une assurance hautaine non dénuée de morgue, laissait pantois ; le gouvernement socialiste capitula sans gloire.

> En l'occurrence nous fûmes, je crois, efficaces, car les « écrivaines » et autres « professeuses » en restèrent là[2].

L'évolution de la langue française a donné pleinement raison à l'initiative de 1984, jetant un doute sur la science académique. Il n'est donc pas outrecuidant d'examiner aujourd'hui, d'un point de vue grammatical, la féminisation des métiers, titres et fonctions que la langue désormais pratique ; c'est ce que nous allons faire.

1. Non sans humour, il est vrai : « Nous sommes une tribu de vieux mâles qui campent au bord de la Seine depuis trois cent cinquante ans » (*Le Figaro*, 7 mars 1980). Voyait-il dans l'Académie une sorte de « maison des hommes » à la mode Bororo, dont *Tristes tropiques* vantait la « jovialité masculine » ?

2. Maurice Druon, secrétaire perpétuel de l'Académie française, « Discours sur l'état de la langue », séance publique annuelle du 5 décembre 1991.

CHAPITRE 3

L'homme embrasse-t-il la femme ?

Rendons hommage à Claude Lévi-Strauss, très éminent anthropologue, et à Georges Dumézil, dont les travaux en matière de langues indo-européennes (notamment caucasiennes) et d'histoire des religions font autorité. Mais force est de reconnaître que ces deux savants ne constituent pas une exception. Depuis l'élection difficile d'Émile Littré en 1871, la Compagnie ne s'est pas adjoint le moindre spécialiste de langue française : lexicographe, grammairien, philologue. Pas un auteur de dictionnaire, d'une histoire de la langue, d'un traité de syntaxe. Sans doute est-ce légitime : les académiciens ont pour tâche d'établir le bon usage, les grammairiens l'étudient ; leurs fonctions sont aussi distinctes qu'honorables. Les relations de la Compagnie avec la science grammaticale sont par suite équivoques ; elles paraissent s'être singulièrement crispées depuis la fin du XIXe siècle et la montée en puissance d'une linguistique scientifique. Mais une distance ne fut-elle pas établie dès le XVIIe siècle, par le triomphe de Claude Favre de Vaugelas, observateur attentif d'une parole mondaine à laquelle il participe, figure académique majeure, sur Gilles Ménage, historien de la langue, l'érudit un peu pédant moqué par Molière et refusé par la Compagnie ?

Après avoir reçu quelques grammairiens à l'époque des Lumières (Régnier-Desmarais, l'abbé d'Olivet), l'Académie, depuis Littré, est revenue à une stricte séparation des activités. Pourquoi, dès lors, endossa-t-elle en 1984 la toge professorale afin de dispenser un cours de linguistique moderne, tentant par là même de cumuler les deux emplois ? L'examen de la « seconde campagne » nous en fournira la clé.

L'adhésion grammairienne

L'intention académique de juguler l'entreprise de féminisation par la science est d'autant plus surprenante que les deux « linguistes » de la Compagnie ne tenaient pas le même discours que leurs collègues, professionnels patentés de l'étude du français. La liste est longue des excellents grammairiens favorables à une évolution dans ce domaine. À commencer par Ferdinand Brunot, grand maître des études françaises à la Sorbonne entre 1900 et 1934. Dans *La Pensée et la Langue*, Brunot aborde le problème, au chapitre qu'il consacre aux « formes des genres », sous un intitulé révélateur : « Le développement du féminisme et les formes grammaticales » :

> D'autres fonctions avaient paru longtemps comme réservées aux hommes : *docteur*, *sculpteur*, *ingénieur*. Pour diverses causes, les portes de ces professions se sont ouvertes ou bien s'ouvrent aux femmes. [...] La question s'est donc posée pour la langue. Quelle forme allaient prendre les titres jusque-là réservés ? Se féminiseraient-ils et comment ? Pour un certain nombre de mots, la question s'est résolue sans peine : *avouée*, *avocate*, *agrégée* n'ont rien qui choque ; mais *docteur* a fait difficulté, et aussi *professeur*, *ingénieur* ; *croque-morte* a l'air d'une funèbre plai-

santerie. Le problème n'est pas simple. Dans beaucoup de cas, on s'en est tiré en ajoutant le mot *femme* : exposition des *femmes peintres et sculpteurs*. Ce n'est qu'un pis-aller. Quelques formes se féminiseraient facilement : *ingénieure*, *professeure* s'écriraient comme *supérieure* [...].
Ce qui augmente la difficulté, c'est que beaucoup de femmes croiraient n'avoir rien obtenu, si l'assimilation n'était pas complète. Elles veulent porter tout crus des titres d'homme : *mademoiselle le docteur Untel*[1].

Nous avons cité abondamment Brunot, séduit par la pénétration de ses remarques. Le contraste est grand avec ce qu'affirmera Georges Dumézil, soixante-deux ans plus tard. Pour Brunot, comme pour tous ses successeurs, l'affaire n'est pas linguistique mais sociale : les femmes accèdent à de nouvelles professions, qui requièrent des dénominations appropriées. C'est dire que le processus de féminisation va de soi. Le savant ne s'égare donc pas à trouver des vertus au genre masculin ; la question est seulement de morphologie nominale. Le rôle du grammairien est de suggérer, avec une bienveillante prudence, des solutions aux difficultés techniques. L'adjonction de *femme* à un masculin (que Dumézil tolère à la grande rigueur) est une solution de fortune pour Brunot, qui souhaite des féminins autonomes ; il va même jusqu'à accepter les formes en *-eure* (*ingénieure*, *professeure*) qui révulsent les puristes encore de nos jours. Il mesure toutefois, sans l'expliquer (nous le ferons), un certain attachement féminin à des formes masculines « prestigieuses », obstacle provisoire à la normalisation. Dans le *Précis de grammaire historique de la langue française* qu'il signe avec Charles

1. Ferdinand Brunot, La *Pensée et la Langue*, Masson, 1922, p. 90.

Bruneau, et qui est largement de ce dernier, après cette remarque :

> Nous disons *mon concierge, ma concierge* ; nous ne pouvons guère dire *mon professeur, ma professeur.* Les femmes docteurs en sont réduites à graver sur leur carte « Le docteur *Marthe* Dubois », ce qui est clair, mais toutefois assez étrange.

on lit cette phrase prémonitoire :

> Il est probable que l'usage réglera ce que les grammairiens n'osent pas décider [1].

Certes, ce progressisme grammatical n'étonne pas d'un Ferdinand Brunot laïc et républicain, plaidant par ailleurs pour une réforme orthographique. Il semble toutefois moins lié à ses opinions qu'à son métier. En témoigne le plus brillant essai de grammaire française, publié à la même époque par Jacques Damourette et Édouard Pichon, que tout semble opposer à Brunot : la perspective non historique, la démarche (de la langue vers la pensée), les opinions fort conservatrices. Ils le rejoignent toutefois dans la faveur accordée à un progrès des dénominations. Au sujet des titres du genre « mademoiselle *le docteur* Louise Renaudier », ils ne mâchent pas leurs mots ; c'est plaisir de les citer :

> La facilité avec laquelle le français, soit par le procédé flexionnel, soit par le procédé suffixal, sait former des féminins différenciés devrait vraiment détourner les femmes adoptant des professions jusqu'à ces derniers temps exclusivement masculines de ridiculi-

1. Ferdinand Brunot et Charles Bruneau, *Précis de grammaire historique de la langue française*, Masson, 1949, p. 146.

> ser leurs efforts méritoires par des dénominations masculines écœurantes et grotesques, aussi attentatoires au génie de la langue qu'aux instincts les plus élémentaires de l'humanité. [...] Le bon sens populaire a jusqu'ici résisté à cette extraordinaire entreprise ; on dit couramment une *avocate*, une *doctoresse*, mais il est à craindre que la ténacité des intéressées n'emporte le morceau, et que cet usage ne finisse par s'introniser dans la langue française. Une plus juste conception de leur véritable place et de leurs légitimes aspirations, en même temps que le respect de leur langue maternelle, devrait au contraire leur conseiller de renoncer au préjugé bizarre en vertu duquel beaucoup d'entre elles croient recevoir une marque de mépris quand on leur donne un titre à forme féminine[1].

« Des dénominations masculines écœurantes et grotesques » : on ne saurait être plus clair. La cause est entendue, que viendront confirmer Albert Dauzat, Maurice Grevisse, André Thérive, etc. : les meilleurs spécialistes de la langue française s'accordent, quels que soient leurs présupposés et leur démarche, sur l'idée d'un lien naturel ente le sexe de la personne et la dénomination de sa profession[2]. Qu'on nous permette de citer un ultime grammairien, dont la prise de position ne manque pas de sel. De 1961 à 1990, Maurice Aristide Chapelan tint la rubrique grammaticale du *Figaro*, sous le pseudonyme d'Aristide[3]. Pendant trente ans, ce chroniqueur a dit son mot sur les questions de langue en débat (orthographe, accord du participe passé, anglicismes, etc.) ; il se montrait puriste par fonction certes et

1. Jacques Damourette et Édouard Pichon. *Des mots à la pensée. Essai de grammaire de la langue française*, Éditions d'Artrey, 1911-1927, t. I, p. 320.

2. Voir la remarquable étude d'Edwige Khaznadar, *Le Féminin à la française*, L'Harmattan, 2002.

3. Mary Munro-Hill, *Aristide of* Le Figaro, Cambridge Scholars, 2017.

souvent par conviction, mais dans l'esprit d'un conservatisme intelligent et ouvert aux évolutions qu'il jugeait avisées. Parmi ces dernières, la féminisation des métiers et des titres. Aristide (notons cet insolite paradoxe) n'adopta aucunement la position de son journal, tout dévoué à la cause académique[1]. Après avoir osé approuver la création de la commission Groult (« Satisfecit ! », 11 mai 1984), il prit la défense de cette dernière face à la réaction des Quarante :

> Alors messieurs – et madame, ne l'oublions pas –, ne luttez pas pour faire disparaître de la langue française une féminité qui lui va si bien. Votre devoir au contraire devrait être de revendiquer que, dans tous les domaines où elles s'affirment aujourd'hui, nous ayons des femmes à part entière, jusque dans les règles grammaticales qui en sont à la fois la marque la plus visible et les garantes[2].

La rédaction du *Figaro* pria le chroniqueur de mettre une sourdine à cet intempestif féminisme linguistique : il faisait désordre dans un quotidien qui s'ouvrait avec zèle aux plus énergiques partisans de l'immobilisme.

La cause, avons-nous dit, est entendue. La science grammairienne réprouve l'imposition du masculin sur les métiers exercés par les femmes, se montrant favorable à une féminisation dont elle se donne pour tâche de guider l'évolution. Nous sommes donc fondé à prendre une vue d'ensemble : que peut-on dire de raisonnable sur la question du genre des professions, titres et fonctions ?

1. Sa conviction était ancienne, semble-t-il, et il était précurseur. André Goosse rapporte, dans *Le Bon Usage* (De Boeck-Duculot, 14e édition, 2007, p. 632), qu'invité par Bernard Pivot à l'émission « Apostrophes » du 30 décembre 1975, Aristide avait salué Françoise Giroud d'un « madame *la* ministre » qui avait fort déplu à cette dernière.
2. Aristide, « Les Verts ont vu rouge », *Le Figaro*, 29 juin 1984.

Un genre arbitraire ?

Renvoyons aux cuisines, tout d'abord, une tarte à la crème dont on nous écœure. De bons esprits, parfois censés connaître les langues et le langage, de Georges Dumézil à (récemment) Alain Bentolila, vont répétant que le genre grammatical est aléatoire :

> Les signes linguistiques sont donc arbitraires et tel est, en français, le statut du genre, catégorie de marques distribuées de façon aléatoire et qui n'ont que peu à voir avec le sexe. [...] Si la formulation prête à confusion, utilisons donc les termes « genre 1 » et « genre 2 » qui n'induiront aucune tentation d'y voir un stéréotype sexuel [1].

Que le genre soit peu motivé en français est une évidence. On relève en grand nombre des termes ayant historiquement changé de genre (*affaire*, *alarme*, *amulette*, *comète*, *date*, *dent*, etc.), en ayant plusieurs (*amour*, *délice*, *hymne*, *œuvre*, *orgue*, etc.), dont le genre manque d'évidence (*agrume*, *alvéole*, *effluve*, *élytre*, *enzyme*, etc.) ; c'est donc une catégorie instable. Les conservateurs préfèrent les vues les plus générales, remontant à l'indo-européen primitif, ou pratiquant la comparaison des langues. Ils ne cessent de nous rappeler qu'en allemand le soleil est du genre féminin (*die Sonne*), la lune du genre masculin (*der Mond*), soit l'inverse du français, sans que l'on puisse décharger le hasard d'une telle répartition. Pour autant, la messe puriste est-elle dite ? Le désir de pourvoir d'un nom féminin une profession exercée par une femme est-il vain,

1. Alain Bentolila, « Ce n'est pas ainsi qu'on fera reculer la discrimination sexuelle », *Le Monde*, 21 novembre 2017.

insensé, dérisoire ? Notons tout d'abord qu'il est bien rapide, voire imprudent, comme l'Académie en 1984 et sa filiation puriste (ainsi, Alain Bentolila), de se défaire des notions de genre « masculin » et « féminin », au motif de leurs fâcheuses connotations sexuelles – et afin de couper court, de fait, aux revendications féministes. On admettra volontiers que le soleil et la lune n'ont pas de sexe ; mais ils sont pourvus d'une dénomination genrée qui induit chez un francophone des représentations inverses de celles d'un germanophone, même s'ils ne sont pas poètes : une connotation de « masculinité » et de « féminité » est attribuée à chacun de ces astres. La sexualisation de l'espèce humaine, de ses conduites et classifications est telle que les langues pourvues de genre n'échappent pas à un investissement sémantique de la catégorie ; d'autant plus que des pans entiers de la grammaire dépendent de cette opposition : ainsi, une personne dira « je suis heur*euse* » ou « je suis heur*eux* » en fonction de son sexe (biologique, social, ou qu'elle s'attribue). Damourette et Pichon ont pertinemment nommé ce phénomène d'induction la « sexuisemblance » : un sexe métaphorique est inconsciemment attribué aux noms selon que leur contenu « se teinte, pour une raison quelconque, de masculinité ou de féminité[1] ». L'effet en est singulièrement fort en français ; pensons aux représentations diffuses dont s'accompagne la distinction de la *mer* et de l'*océan*, du *soleil* et de la *lune*, de la *chaise* et du *fauteuil*, etc. On ne saurait donc suivre ceux qui affirment que la catégorie du genre en français est arbitraire et vide, impertinente.

Ensuite, la distinction du masculin et du féminin participe à la formation d'un large secteur du lexique. On nous

1. *Des mots à la pensée*, *op. cit.*, t. I, p. 368.

parle de la lune et du soleil ; mais redescendons sur terre : nous nous intéressons aux femmes et à leur activité sociale ; il s'agit de personnes. Si le genre est arbitraire en français pour les inanimés, il est motivé dans un domaine qui est précisément le nôtre : les animés humains[1]. Le vocabulaire qui les désigne est fait de termes masculins et féminins dont la répartition est solidaire avec la notion « de sexe mâle » et « de sexe féminin ». Nul arbitraire, mais une alternance régulière : un *adolescent*, une *adolescente* ; un *Chinois*, une *Chinoise* ; un *instituteur*, une *institutrice*. La grammaire a pour tâche d'examiner les modalités de cette alternance : par le suffixe (*voleur*, *voleuse*), le déterminant (*un architecte*, *une architecte*), le terme lui-même (*fille*, *garçon*), etc. À ce stade, il est vrai, un conservateur en matière de langue ne manquera pas de rappeler, souligner, exalter les exceptions à cette règle générale. Notons que le purisme adopte pour cela une position originale : l'exception est d'ordinaire appréciée pour le sel dont elle agrémente le savoir grammatical, la distinction qu'elle confère à qui la respecte ostensiblement, la validation paradoxale qu'elle induit (« l'exception confirme la règle »). Dans ce cas, la bienheureuse exception a pour vertu d'infirmer la règle ; elle n'est plus un grain de sel, mais de sable, et elle enraie le processus : la houle féminisante issue du Québec vient s'échouer sur *mannequin* et sur *sentinelle*, héroïques fortins de l'arbitraire du genre. La congruence supposée

1. Cette notion pertinente d'humanité s'étend aux animaux. Ceux que l'homme chasse, élève, fréquente présentent une opposition de genre, motivée par le sexe (*coq*, *poule* ; *cheval*, *jument* ; etc.) ; le genre des autres est unique, et arbitraire comme pour les inanimés (*brochet*, *canari*, *hanneton* ; *couleuvre*, *grivre*, *mouche*). Le genre divise donc le lexique animal selon une curieuse familiarité avec l'espèce humaine.

chez les humains entre le genre et le sexe est invalidée, dès lors qu'un *laideron* joue les *ganaches*.

Féminiser les noms de profession, c'est prendre au sérieux ce jumelage humain du genre et du sexe, vouloir l'étendre et le systématiser. L'entreprise serait vaine, toutefois, dès lors que le principe de cet appariement souffrirait d'exceptions et serait donc invalidé. Quel est le poids de cet argument ? Très exactement celui-ci :

> Pour les humains, il existe un nombre non négligeable de noms masculins désignant des femmes : un *mannequin*. Il s'agit parfois de termes péjoratifs tels que *trottin*, *bas-bleu* et une série de suffixés en *-on* : *laideron*, *louchon*, *souillon*, *tendron*, etc. Inversement, un certain nombre de noms féminins s'appliquent à des hommes. Il s'agit de noms désignant des fonctions, souvent militaires : *estafette*, *ordonnance*, *recrue*, *sentinelle*, *vedette*, *vigie*, etc. Il existe également un certain nombre de noms péjoratifs, fonctionnant souvent comme insultes : *canaille*, *crapule*, *fripouille*, *ganache*, *gouape*, etc. ; et, pour des raisons sexuelles évidentes, certaines désignations – très vulgaires – des homosexuels : *folle*, *tante*, *tapette*, etc. [1].

Telles sont les exceptions que l'on oppose au principe de motivation sexuelle du genre des animés humains. Leur nombre est « non négligeable » ; nous ne le négligeons pas, mais nous permettons les observations suivantes. Tout d'abord, les insultes y sont nombreuses ; féminisant des hommes auxquels on reproche une conduite supposée féminine, masculinisant des femmes qui semblent manquer de féminité, ces dérisions confortent en creux le principe d'appariement. Ensuite, cette petite troupe est fort dispa-

1. Michel Arrivé, Françoise Gadet et Michel Galmiche, *La Grammaire d'aujourd'hui. Guide alphabétique de linguistique française*, Flammarion, 1986, p. 283.

rate ; elle n'est pas due à une sorte de « contre-principe », mais aux aléas de l'histoire. Les plus déroutants, sans conteste, sont les termes féminins désignant des militaires, dont la virilité (et les bonnes mœurs) ne sont pas à mettre en doute ; reprenons-les, un à un, tels qu'ils sont cités par cette grammaire :

– *Estafette* : emprunté, vers 1596, à l'italien *staffetta*, « courrier à cheval » ; le terme italien est masculin, il a été interprété en français comme un féminin.
– *Ordonnance* : réduction (XVIIIe siècle) de la locution *officier d'ordonnance*.
– *Recrue* : issu de *croître*, le terme a signifié « accroissement », puis par spécialisation « nouvelle levée de soldats », enfin par métonymie « soldat appartenant à cette levée ».
– *Sentinelle* : emprunté, vers 1540, à l'italien *far la sentinella*, « faire le guet », dérivé de *sentire*, « entendre ». Le français *sentinelle* a désigné le guet, puis par métonymie le guetteur lui-même.
– *Vedette* : emprunté, vers 1573, à l'italien *vedetta*, « lieu élevé pour observer », issu de *vedere*, « voir », dans la locution *être en vedette*, « être en sentinelle ». Par métonymie, *vedette* a désigné le guetteur.
– *Vigie* : emprunté, vers 1686, au portugais *vigia*, issu de *vigiar*, « veiller ». *Vigie* a désigné la surveillance qu'effectue un matelot, puis par métonymie le matelot *en vigie* lui-même.

De telles « exceptions » sont donc, si l'on ose dire, parfaitement exceptionnelles. Si ces mots (ainsi, d'ailleurs, que *canaille*, *crapule*, *ganache*) obéissent à un principe, c'est bien celui de la métonymie, un des grands ressorts de l'évolution sémantique, comme de l'expressivité (entendu dans la bouche d'un serveur, au restaurant : « L'omelette au jambon demande l'addition ! »). Mais elles ne mettent pas en cause la régularité structurelle d'un jumelage du genre et du sexe chez les humains. Cette solidarité, enfin, qui concerne des dizaines de milliers de termes, paraît solidement validée par l'innovation langagière, laquelle se montre fidèle au principe d'appariement : qu'il s'agisse d'emprunt (le *hackeur* a sa *hackeuse*), de néologie (le *macronien* a sa *macronienne*) ou de variation. À ce sujet, l'histoire de la langue (laquelle est toujours le point faible du purisme, qui tient ce qu'il défend pour éternel et immuable) est éclairante ; André Goosse, dans son édition du *Bon Usage* (§ 486), fournit de pertinentes informations :

> *Ordonnance* est donné comme « quelquefois » au masculin par le dictionnaire de Littré et la 8e édition du dictionnaire de l'Académie française. En fait, on le relève souvent dans ce genre, même sous des plumes académiques : « Un gars du village, ancien *ordonnance* d'un capitaine » (Barrès ; également chez Maurois, Duhamel, Montherlant, Druon, etc.).
> *Bas-bleu* se relève au féminin : « Des *bas-bleus* repenties » (Flaubert, *Madame Bovary*).
> *Mannequin* s'emploie aujourd'hui pour des hommes. Au sujet d'une femme, on le rencontre suivi d'une épithète féminine : « Ce *mannequin* est charmante » (Colette) ; désormais la reprise nominale féminine est d'usage : « Le mannequin n'a pas participé à la séance de pose, car *elle* était souffrante ».
> *Laideron* fut d'abord féminin jusqu'au XVIIIe siècle ; le mot est donné comme féminin par le dictionnaire d'Émile Littré, qui cite Voltaire (« une *laideron* extrêmement piquante »), féminin et masculin par toutes les éditions du dictionnaire de l'Académie, sauf la dernière (8e, 1935) qui le restreint au masculin. Par ailleurs, *laideronne* est attesté dès le XVIIe siècle, et se relève à l'époque moderne chez Colette, Saint-Exupéry, etc. [1].

1. « Faudra-t-il dire à présent : une *laideronne* ? » s'étrangle un Jean Dutourd malavisé, *in* « Laideron, tendron, dragon », *Le Figaro*, 11 juillet 1998.

Souillon est masculin ou féminin pour le dictionnaire de Littré (un petit *souillon*, une petite *souillon*) et toutes les éditions du dictionnaire de l'Académie française ; le terme se conforme en fait au sexe de la personne désignée, le plus souvent une femme.

Les choses ne sont donc pas si simples, et les fameuses « exceptions » du plus inébranlable granit. Comme le montre le néologisme *laideronne*, la créativité de la langue *respecte le principe d'appariement* ; le fait nous paraît décisif. La liste des exceptions est close, on n'en rencontre pas de nouvelles ; en outre, la créativité linguistique ou stylistique en joue. On relève *amphitryonne* et *bandite* chez Léon Bloy, dont on sait la verve langagière ; un dépouillement de la littérature contemporaine (Annie Ernaux, Maurice G. Dantec, Didier Daeninckx, Katherine Pancol, Jean-Bernard Pouy, Jean Vautrin etc.) fait apparaître des féminisations néologiques qui ne manquent ni d'intérêt ni de piquant :

> Féminins en *-e* : *assassine*, *blaireaute*, *dadaise*, *larbine*, *fine limière*, *mandarine*, *mannequine*, *zinzine*.
> Féminins en *-esse* ou *-ette* : *cadresse*, *cadrette*, *curette*, *freluquette*, *fliquesse*, *fliquette*, *gourmette*, *huilesse*, *méquesse*, *piratesse*, *pîtresse*, *plouquette*, *potesse*, *punkette*, *rastignacouette*, *taxite* [1].

Ces créations littéraires sont ludiques sans doute, originales et provocatrices, voire un peu *voyoutes* :

> Les plaisirs et la splendeur de ces jeunes *voyelles* perdues qui nous ont si bien tenu compagnie [2].

1. Nicole Cholewka, « Féminin et familier », *in* Marie-Jo Mathieu (dir.), *L'Extension du féminin*, Honoré Champion, 2002, p. 45-58.
2. Guy Debord, *Panégyrique*, Éditions Gérard Lebovici, 1989. Auparavant : de petites *voyoutes* exquises (Huysmans, *En ménage*) ; parmi les

Mais elles ne sont pas anarchiques ; elles amplifient, en en tirant profit, une tendance naturelle de la langue familière à féminiser ; Damourette et Pichon y furent sensibles :

> Nous avons par exemple maintenant des femmes qui jouent le rôle de plantons dans les administrations militaires, et c'est très légitimement qu'on dit, ainsi que nous l'avons entendu : « Au bas de l'escalier, vous trouverez des *plantonnes*[1]. »

Ces féminisations néologiques se conforment à la morphologie dérivationnelle du féminin ; elles illustrent la congruence, pour les humains, du genre et du sexe : cette dernière nous semble désormais amplement démontrée. *Le* mannequin, *la* sentinelle ne sont pas le témoignage hercynien d'une indifférence des genres, mais des buttes témoins isolées, que la marée féminisante va recouvrir, éroder, remodeler à sa guise.

Ni l'un ni l'autre : le neutre

La seconde tarte à la crème qu'il convient de refuser est la notion de neutre. Elle serait illustrée par des constructions telles que « madame *le* ministre » et, plus généralement, par la masculinisation majoritaire du vocabulaire traditionnel des professions. Les puristes nous expliquent qu'il s'agit en fait d'une neutralisation des fonctions, lesquelles peuvent être exercées par un homme (« *monsieur* le

---

voyous et les *voyoues* (Montherlant, *Le Chaos et la Nuit*) ; espèce de *voyouse* (Cordelier, *La Dérobade*) ; etc.

1. *Des mots à la pensée*, *op. cit.*, t. I., p. 321.

ministre ») ou par une femme (« *madame* le ministre »). Cela nous amène à reprendre, dans ses grands traits, la question du neutre. Un maître de la linguistique française rappelait récemment que le genre est une catégorie grammaticale définie par des comportements linguistiques observables. Ils sont au nombre de trois ; un suffit à attester la présence de cette catégorie dans une langue :

– des morphèmes nominaux spécifiques (suffixes, flexions…) ;

– l'accord avec des satellites, comme l'adjectif ;

– l'accord des instruments anaphoriques, comme le pronom [1].

À cet égard, la présence d'un article et de désinences spécifiques (*das*, *-es*) prouve par exemple que la langue allemande possède un genre neutre pour les substantifs et adjectifs, y compris dans la désignation d'humains (généralement diminutifs : *das Mädchen*, « la jeune fille »). Rien de tel en français. Pour les noms et adjectifs, cette langue ne connaît, *formellement* (morphèmes spécifiques, accord), que deux genres, masculin et féminin, qui les distribuent sans reste. Seuls quelques pronoms relèvent d'un genre neutre :

> Celui-ci (masc.) / celle-ci (fém.) / *cela* (neutre) se voit
> Qui (masc. et fém.) / *que* (neutre) vois-tu ?

Certes, notre langue est issue du latin, qui possédait un genre nominal neutre (le terme est issu de *ne uter*, « ni l'un ni l'autre »). Relevaient de ce genre : les inanimés (avec des exceptions connues : les fleuves et les vents,

1. Jean-Marie Klinkenberg, *Entre linguistique et politique : féminiser les noms de métiers, grades et titres ?*, communication à l'Académie royale des sciences, des lettres et des beaux-arts de Belgique, lundi 21 mars 2016.

masculins ; les arbres et les pays, féminins), et une seule catégorie d'animés humains : les esclaves. Au sujet de la construction « madame *le* ministre », parler d'un neutre « à la latine » est donc pour le moins inconvenant. D'autant plus que, par ailleurs, le latin exprimait les noms de métiers au masculin et au féminin, en les répartissant le plus simplement du monde : selon le sexe des personnes qui les exerçaient. Le système latin des trois genres ne fut donc pas un modèle pour le français, encore moins une source. Car *le neutre a disparu* dès le bas latin, et cela pour deux raisons principales. Ce genre, tout d'abord, était d'un faible rendement, sur les plans sémantique (il ne regroupait pas tous les inanimés) et morphologique, se distinguant en fait fort peu du masculin (ainsi, la deuxième déclinaison oppose *dominus* et *templum* au seul cas nominatif). L'érosion phonétique, d'autre part, a détruit ce que la morphologie différenciait faiblement. On le voit bien par les adjectifs, variables en genre :

> Masculin : latin classique *bonus* > latin populaire *bonu* > bas latin *bono* > français *bon*
> Neutre : latin classique *bonum* > latin populaire *bonu* > bas latin *bono* > français *bon*

Dans le passage du latin au français, le neutre s'est fondu morphologiquement dans le masculin[1]. Il importe de savoir si cette fusion fut également sémantique.

1. Certains pluriels neutres en *-a*, ayant abouti à une forme française en *-e*, ont été interprétés comme des féminins (collectifs). Ainsi, le singulier *brachium* a donné le *bras*, le pluriel *brachia* l'ancien français la *brasse*, « l'ensemble des deux bras » (*embrasser*).

La question qui nous occupe est la suivante : le genre masculin en français porte-t-il des valeurs de neutralité qui le qualifient pour désigner des fonctions, indépendamment du sexe de la personne qui les occupe ? C'est ce que pensent les conservateurs, quelque expression qu'ils donnent au privilège qu'ils accordent au masculin, « genre noble » ou « cas non marqué ». Nous avons vu que, par l'emploi de cette dernière notion issue du structuralisme, l'Académie française (par le truchement de Claude Lévi-Strauss et de Georges Dumézil) justifiait un statu quo artificiel (*le* professeur Marie Dupont, madame *le* ministre, etc.) que l'évolution de la langue a balayé. Il nous faut comprendre maintenant l'erreur de l'Académie, qui a usé de façon inappropriée d'une notion qui, dans certains cas, peut être pertinente. Le phénomène est complexe (on voudra bien nous suivre pas à pas !), mais tout à l'honneur de la langue française et de sa richesse sémantique.

Au pluriel : un masculin générique

Commençons par le pluriel, dont la situation est la plus simple : ce n'est pas un hasard si les exemples de « masculin, cas non marqué » fournis par l'Académie dans sa déclaration (1-3), et par Georges Dumézil dans son auto-entretien (4-6), sont au pluriel. Rappelons-les :

1) Tous les hommes sont mortels.
2) Cette ville compte 20 000 habitants.
3) Tous les candidats ont été reçus à l'examen.
4) Les habitants de Paris.
5) La vie des paysans au Moyen Âge.
6) Mes proches parents.

Il s'agit de désigner un groupe humain. S'il est composé d'individus de même sexe, le masculin et le féminin, respectivement, s'imposent :

> Les instituteurs sont rares en maternelle.
> Les institutrices sont majoritaires en maternelle.

La question est délicate dans le cas de groupes sexuellement mixtes. On peut tout d'abord employer un terme général, dit « hyperonyme », qui transcende la classification en sexes. L'exemple le plus clair en est *homme*, qui figure au premier exemple. *Homo* désignait en latin l'homme en général, opposé à l'animal (*homo homini lupus*, « l'homme est un loup pour l'homme » ; la femme également, hélas), *homines* tous les individus vivants (*inter homines essere*, « vivre »). C'est très exactement le sens du premier exemple, que les Immortels produisent de façon imparable : « Tous les hommes sont mortels. » Au nombre des hyperonymes, on trouve *parents* (exemple 6), *époux*, *conjoints*, *voisins*, etc. ; notons que tous ces termes sont masculins. Ils s'inscrivent dans un phénomène plus général, qui constitue notre seconde remarque : afin de désigner un groupe humain mixte, le français emploie le masculin ; nous dirons que ce genre exprime en la circonstance une valeur générique :

> Les instituteurs sont en grève, ainsi que les postiers.

Dans les exemples 2 et 4, il s'agit des habitants dans leur ensemble, quel que soit leur sexe, de même que pour les candidats 3 et les paysans 5. Le masculin s'accompagne de cette valeur générique, très visible au pluriel, d'autant plus qu'il en a hérité du latin (*incolae nostri* désigne chez Cicéron l'ensemble des compatriotes), héritage renforcé par la fusion avec le neutre : tout porte le genre masculin français à désigner une *collectivité* (insistons sur cette pluralité) d'individus indépendamment de leur sexe. Comme le dit justement Georges Dumézil, « lorsqu'on résume sous une désignation commune des variétés mâles et femelles d'une même espèce, c'est en général le prétendu "genre mâle" qui représente les deux sexes ». Cette faculté de représentation est inconnue de l'autre genre, qui désigne toujours des humains de sexe féminin. La phrase :

> Peu d'*écrivains* français sont traduits en estonien

renvoie à l'ensemble des auteurs de langue française ; en revanche, l'énoncé :

> Peu d'*écrivaines* françaises sont traduites en estonien

désigne le sous-ensemble des auteurs qui sont des femmes. L'extension diffère :

> Je range Marguerite Duras parmi les plus grands *écrivains* français.
> Je range Marguerite Duras parmi les plus grandes *écrivaines* françaises.

La première évaluation est plus gratifiante, non pas parce que le genre masculin est plus « noble », mais parce qu'au pluriel il est le plus extensif.

Ayant choisi son terrain, employant uniquement des termes au pluriel (dont deux hyperonymes), l'Académie française joue sur le velours : elle n'a aucun mal à mettre en lumière la valeur générale associée dans ce cas à ces masculins. Dont acte ; nous nous permettrons cependant deux remarques.

Le masculin générique pluriel s'emploie lorsqu'il n'est pas nécessaire, ou utile, ou désirable, de signaler que le groupe humain est sexuellement mixte : quand une explicitation des genres n'est pas de mise. Pratiquée dans une telle situation, elle semble inopportune. L'exemple 2, « explicité » :

2 bis) Cette ville compte 20 000 habitants *et habitantes*

pourrait induire un doute chez l'interlocuteur : pourquoi avoir pris la peine de distinguer les hommes des femmes ? Pensons également à « Tous les voyageurs *et toutes les voyageuses* sont priés de descendre », « Les visiteurs *et les visiteuses* sont tenus de présenter leur sac », etc. Les choses, toutefois, sont moins tranchées si l'on considère le troisième exemple, également « explicité » :

3 bis) Tous les candidats *et toutes les candidates* ont été reçus à l'examen.

La formulation est en effet plausible (ou requise) dans un contexte d'accès récent des filles à cet examen, de difficultés physiques inhérentes (recrutement d'un fort des halles ou d'un sumotori), de misogynie bien connue du jury, etc. Et que dire du cinquième de nos exemples de départ, ainsi complété ?

5 bis) La vie des paysans au Moyen Âge *était pénible ; mais moins sans doute que celle des paysannes.*

L'emploi du masculin de façon générique n'est pas une obligation inhérente à la langue, comme l'affirme le purisme, mais un choix ; l'alternative est ouverte. En d'autres termes, la langue française invite le locuteur à choisir entre expliciter ou omettre le caractère sexuellement mixte du groupe humain dont il va parler ; ce qui requiert de sa part une connaissance du mécanisme linguistique et un peu de réflexion. Le phénomène est donc plus riche que la description procurée par les académiciens, qu'une telle abondance sémantique devrait combler. Elle devrait également les convaincre de ne plus ironiser sur le « Françaises, Français ! » du général de Gaulle, au motif que le pluriel « Français », générique, *non marqué*, suffit.

> Le masculin ne conquiert pas l'autre sexe, il efface le sien. C'est simplement un moyen grammatical d'éviter des longueurs. On n'a pas besoin, en toute occasion, de dire *les Françaises et les Français*[1].

Certes, déclarer qu'en mai 2017, au second tour de l'élection présidentielle,

> 35,4 millions de *Français* ont voté ; plus de 20 millions d'entre eux ont donné leur suffrage à Emmanuel Macron

suffit pour exprimer l'information que l'on entend rapporter. Toutefois un examen du corps électoral fait apparaître que :

> Les Français et les *Françaises en plus grand nombre* ont majoritairement voté pour Emmanuel Macron.

1. Georges Dumézil, « Mme Mitterrande ? Mme Fabia ? », *Le Nouvel Observateur*, septembre 1984.

Dans ce dernier cas, l'explicitation du genre est requise. Elle peut être également souhaitée. Quand, comme le général de Gaulle, on a accordé aux femmes le droit de voter (par l'ordonnance du 21 avril 1944), il est habile de le rappeler discrètement en tête des allocutions. À l'heure d'un combat accru en faveur de l'égalité des droits, des chances et des rémunérations, du désir d'une plus grande visibilité sociale des femmes, il n'est pas maladroit de souligner que l'on s'adresse également aux deux sexes, qu'on les implique paritairement, que l'on requiert conjointement leur soutien. Dès lors, un responsable politique pratiquant sa langue avec une pertinente élégance aura le choix, selon les circonstances ou l'inspiration, d'expliciter ou pas la mixité sexuelle de son auditoire, d'user ou non du masculin pluriel générique :

> Que diable, les *Français* attendent de moi des résultats !
> Les *Françaises* et les *Français*, qui forment un grand peuple...
> Les *Français*, et plus encore les *Françaises*, n'ignorent pas les difficultés quotidiennes...

Omettre (en usant d'un masculin pluriel générique) ou expliciter la mixité sexuelle d'un groupe humain relève donc d'une intention discursive personnelle : cette rhétorique met à profit la souplesse sémantique du français.

On comprend par suite pourquoi nous refusons de suivre deux points de vue pareillement réducteurs. Le purisme académique qui, tel que formulé en 1984, imposait (voire étendait) le masculin en toutes circonstances ; un militantisme féministe qui généraliserait l'écriture dite « inclusive » ou « épicène ». Issue d'un désir légitime de parité, cette pratique stylistique est faite d'un « ensemble d'attentions graphiques et syntaxiques permettant d'assurer une égalité des représentations entre les femmes et les hommes[1] ». Au nombre de ces attentions, le fait de « renoncer au masculin générique », le soin de toujours expliciter la mixité d'un groupe humain. Soit par la réduplication (*les candidates et les candidats*), soit par l'emploi d'un terme épicène (*les personnes candidates*), soit par le recours à une abréviation, singulièrement le « point médian » (*les candidat.e.s*). Ce « point de milieu », emprunté à la langue catalane, n'est pas un point de détail : il a fait couler beaucoup d'encre. Ayant l'avantage de la brièveté, il n'est pas sans inconvénients pratiques : compliquant l'orthographe, embarrassant l'oralisation, il ajoute aux difficultés d'apprentissage. Ces effets sont fâcheux et ne passent pas, d'ordinaire, pour répondre à des objectifs progressistes[2]. Comme le remarque avec sagesse le Conseil belge de la langue française :

> Le Conseil partage les objectifs des partisans de l'écriture inclusive : promouvoir la visibilité des femmes. Il souligne cependant que les moyens mis en œuvre pour servir cet objectif peuvent compromettre un autre objectif aussi démocratique : celui de produire des textes clairs, accessibles au plus grand nombre[3].

1. Raphaël Haddad (dir.), *Manuel d'écriture inclusive*, Mots Clés, 2016, p. 4. Voir également Marie-Ève Arbour et Hélène de Nayves, *Formation sur la rédaction épicène*, Office québécois de la langue française, 2015. Voir la bonne étude de Patrick Charaudeau, « L'écriture inclusive au défi de la neutralisation en français », *Le Débat*, nº 199, mars-avril 2018, p. 13-31.

2. Ni particulièrement féministes. *Acteur·rice·s, ingénieur·e·s, sénior·e·s* : les femmes restent un suffixe, un prolongement des hommes.

3. *Conseil de la langue française et de la politique linguistique*, avis du 4 octobre 2017.

Ce Conseil « recommande dès lors un emploi parcimonieux de ces formules », principalement pour la langue administrative (offres d'emploi, circulaires, etc.), et « privilégie les formes dédoublées ». Ce fut la position du Premier ministre français, dans une circulaire que les médias réduisirent malencontreusement à une condamnation de l'écriture inclusive[1]. C'était passer sous silence combien ce texte s'oppose au discours puriste, se montrant clairement favorable à la féminisation des fonctions et des titres :

> Les textes qui désignent la personne titulaire de la fonction en cause doivent être accordés au genre de cette personne. Lorsqu'un arrêté est signé par une femme, l'auteure doit être désignée, dans l'intitulé du texte et dans l'article d'exécution, comme « la ministre », « la secrétaire générale » ou « la directrice »[2].

Cette circulaire choisit la réduplication :

> Suivant la même logique, je vous demande de systématiquement recourir, dans les actes de recrutement et les avis de vacances publiés au *Journal officiel*, à des formules telles que « le candidat ou la candidate » afin de ne pas marquer de préférence de genre[3].

1. Circulaire du 21 novembre 2017 « relative aux règles de féminisation et de rédaction des textes publiés au *Journal officiel* de la République française ».

2. Observons le progrès depuis la circulaire du 11 mars 1986 : la féminisation est paisiblement et fermement assumée. Soulignons au passage l'emploi de la forme *auteure* : « l'auteure doit être désignée… ».

3. On retrouve, jusque dans les termes, l'esprit de la campagne de 1984, menée par Yvette Roudy et Benoîte Groult. Ce texte officiel n'est en rien une victoire des conservateurs.

C'est pour des raisons d'intelligibilité et de clarté des textes administratifs[1] que l'abréviation « inclusive » est refusée :

> En revanche, je vous invite, en particulier pour les textes destinés à être publiés au *Journal officiel* de la République française, à ne pas faire usage de l'écriture dite inclusive, qui désigne les pratiques rédactionnelles et typographiques visant à substituer à l'emploi du masculin, lorsqu'il est utilisé dans un sens générique, une graphie faisant ressortir l'existence d'une forme féminine. Outre le respect du formalisme propre aux actes de nature juridique, les administrations relevant de l'État doivent se conformer aux règles grammaticales et syntaxiques, notamment pour des raisons d'intelligibilité et de clarté de la norme.

Ès qualités, Édouard Philippe traite de la langue administrative, dont la souplesse et l'inventivité ne sont pas les traits principaux.

Pour le reste, notre position est des plus claires. Nous recommandons la réduplication, c'est-à-dire l'explicitation lexicale (et non abréviative) de la mixité d'un groupe humain. Mais – et cette restriction nous paraît capitale – seulement *quand une telle explicitation est requise ou souhaitée*. En d'autres termes, le bon usage ainsi que la communication performante requièrent de faire diffuser dans un train le message : « Tous les *voyageurs* sont priés de descendre. » Les formulations « Tous les *voyageurs et toutes les voyageuses* », ainsi que « *Tout.e.s* les *voyageur.se.s* »

1. « Afin que les arretz soient clers et entendibles », lit-on déjà dans l'ordonnance de Villers-Cotterêts (août 1539 ; toujours en vigueur). Intervenant sur la langue de l'État, le Premier ministre est dans sa fonction et s'inscrit dans une tradition de lisibilité du juridique. Face au latin, l'ordonnance imposait conjointement le « langage maternel francoys » et une rédaction transparente.

sont en l'occurrence inappropriées. En revanche, informer que « les *candidats et les candidates* passeront une épreuve de lancer de poids » est bienvenu. Où gît la différence ? Dans l'intérêt reconnu d'exposer la mixité sexuelle du groupe considéré. Qui en est juge ? Celle ou celui qui formule l'assertion, qui doit avoir conscience de l'enjeu et une certaine maîtrise du fonctionnement linguistique. Nous ne nous affilierons donc ni au purisme androcentriste ni au féminisme rudimentaire : nous suivrons la langue, en faisant confiance à ses locuteurs.

Le masculin est un masculin

Illustrant leurs propos d'énoncés mêlant adroitement l'hyperonymie et le pluriel, les professeurs de l'Académie française marquent aisément un point : les masculins qu'ils produisent se prêtent bien à l'interprétation générique. Dans la foulée, renonçant à la notion de « masculin », ils adoptent une terminologie moderniste (« cas marqué ») qui invalide la revendication féministe, désignée dès lors comme intempestive et désuète. C'est habile, mais ils ont tort. Ce qui nous conduit à notre seconde remarque générale.

On aurait dû, quai de Conti, méditer Damourette et Pichon. Ces esprits originaux[1] énoncent, dans un vocabulaire qui leur est propre, des intuitions fulgurantes qui font des sept volumes de leur ouvrage *Des mots à la pensée* le plus fascinant traité de grammaire française. Singulier, cet essai est loin cependant de renoncer aux catégories du

1. Jacques Damourette était architecte. Édouard Pichon, son neveu, un éminent psychiatre maître de Jacques Lacan. Pichon réussit à être, avant-guerre, à la fois psychanalyste et fervent maurrassien.

masculin et du féminin. Le clinicien Pichon connaît trop la sexuation du psychisme pour ne pas la relever dans la langue ; allant plus loin, leur ouvrage insiste sur la métaphorisation inhérente à la répartition binaire (masculin/féminin) des substantifs qu'opère la langue française : « une sexuisemblance accompagne la physe du répartitoire auquel ils appartiennent[1] ». Ce qui, traduit en français, signifie : une idée de masculinité ou de féminité se déduit de l'affectation d'un substantif à un genre. L'investissement sémantique de la catégorie du genre est démontré notamment par les réfections et néologismes (*un* sentinelle, *une* mannequin), ainsi que par la reprise anaphorique, laquelle respecte le sexe (ces laiderons tentent *toutes* de séduire Pierre). Une métaphorisation sexuée accompagnant la répartition genrée binaire (Damourette et Pichon voient dans la sexuisemblance une poésie inhérente à la langue) invite à conserver la terminologie traditionnelle. En tous les cas, vider la catégorie du genre (féminin ou masculin) de tout contenu est une témérité qui manque d'assise[2].

Les exemples avancés par les académiciens le montrent sans conteste : un masculin pluriel peut exprimer une valeur générique, ou générale, ou commune, « non marquée », etc. *Mais il reste un masculin.* Il nous faut insister sur ce fait, car nous touchons au nœud de toute l'affaire. Reprenons le troisième exemple académique :

3) Tous les *candidats* ont été reçus à l'examen

1. *Op. cit.*, t. I, p. 368.
2. Michel Arrivé, « De quelques oscillations des théories du genre dans l'histoire récente de la linguistique », *Linx*, n° 21, 1989, p. 5-15.

et la version « inclusive », également acceptable, que nous en avons donnée :

> 3 bis) Tous les *candidats* et toutes les *candidates* ont été reçus à l'examen.

Si l'on suit la thèse académique, dans 3, *candidats* n'est pas un masculin ; dans 3 bis, il l'est. Est-ce si sûr ? Soit l'énoncé suivant :

> Tous les *candidats* ont été priés d'arriver à l'heure, de se présenter avec une cravate, ainsi que rasés de près.

Nous constatons qu'en cours de lecture l'interprétation bifurque, du générique au masculin. Le phénomène ne présente aucun artifice ; l'on peut aisément faire dévier les exemples fournis plus haut :

> 2 bis) Cette ville compte 20 000 habitants, bien décidés à n'accorder aucun droit à leur femme.
> 5 bis) La vie des paysans au Moyen Âge était aggravée par leurs corvées militaires.
> 6 bis) Mes proches parents portaient barbe et moustache.

Au sein d'un même énoncé, le sens vacille, l'interprétation diverge, la signification s'établit rétrospectivement :

> 58 % des Français possèdent un véhicule et ont déjà trompé une fois leur épouse.
> Les Hollandais aiment leur roi, boivent de la bière et sont de bons marins.

L'idée d'une dissociation fondamentale du masculin (il serait ou bien générique neutre, ou bien sexué) n'est pas tenable. Et elle n'est pas tenue. On peut rappeler qu'en réponse à une requête de Louise Weiss sur l'incapacité électorale des femmes, le Conseil d'État, dans ses arrêts des 15 et 22 novembre 1935, considéra que le législateur, en donnant le droit de vote « à tous les Français », n'avait pas pensé aux femmes, bien qu'il n'ait jamais explicitement mentionné leur incapacité politique dans aucune loi [1]. « Les Français », ce sont d'abord, intuitivement (et par une intuition que l'histoire a façonnée), les hommes de nationalité française. Nous soutiendrons que la valeur générique est seconde ; plus précisément, qu'elle résulte d'un vidage provisoire de la masculinité, au profit d'une valeur générale, dans un contexte particulier. Ce dernier, en effet, doit être porteur d'une valeur semblable ; le prédicat (groupe verbal) doit être également générique :

> Les Français votent davantage à la présidentielle qu'aux municipales.

En revanche, un prédicat lié à la masculinité fait disparaître le phénomène :

> Les Français ont tendance à être bedonnants et chauves à la soixantaine.

Le phénomène est subtil ; ce qui s'associe, à tort ou à raison, à la masculinité interdit l'interprétation générique :

> Les Français sont chevaleresques (galants, fiers-à-bras, etc.) et content volontiers fleurette.

1. Claudie Baudino, *Politique de la langue et différence sexuelle*, *op. cit.*, p. 21.

En revanche, un prédicat que l'on réserve, légitimement ou non, à la féminité rend l'énoncé dans son ensemble des plus bizarres :

> Les Français sont aguichants (bien roulés, popotes, faciles. etc.) et accordent facilement leurs faveurs.

Il n'y a pas lieu d'examiner plus avant selon quelles modalités linguistiques (notamment le choix du prédicat) la valeur générique du masculin pluriel s'exprime [1]. Nous retiendrons que la sexuisemblance du genre masculin est première, que la valeur générique associable à son pluriel est seconde et particulière, dépendante du contexte – en un sens fragile ; nous garderons en tête que l'on passe (c'est-à-dire que l'on revient) aisément de la seconde à la première. En d'autres termes, le genre masculin miroite. L'interprétation générique, exceptionnelle et précaire, est prélevée à la valeur sexuée ; son tropisme l'y ramène. Un tel miroitement est à l'œuvre dans l'emploi au singulier.

Un singulier très singulier

Nous pouvons désormais aborder la question centrale. Elle est à la fois plus subtile (le singulier est d'une remarquable richesse sémantique) et d'une simplicité biblique : il s'agit de savoir si Mme Yvette Chassagne, de sexe féminin, à qui le Conseil des ministres venait (pour la première fois)

1. Voir les pertinentes « Remarques sur les notions de sexe et de généricité » de Danielle Leeman, *Cahiers de grammaire*, n° 14, 1989, p. 85-107.

de confier une préfecture, celle du Loir-et-Cher, en était *le préfet* ou *la préfète*.

L'emploi générique du masculin se relève également au singulier, ce qui permet aux éminents experts académiciens de postuler un « cas non marqué » universel. L'hyperonymie s'ajoutant, le fait devient indiscutable. Si « tous les hommes sont mortels » (exemple académique), il est également vrai que :

> L'homme est un loup pour l'homme.

Ce terme est exemplaire. Le latin distinguait *vir*, « mâle de l'espèce humaine » (opposé à *mulier*), et *homo*, « individu, mâle ou femelle, de l'espèce humaine » (opposé à *animal*). Le premier ayant disparu dès le bas latin (il est présent dans les seuls emprunts savants : *viril*, *virilité*, etc.), son sémantisme s'est fondu avec celui de *homo*, devenu *homme*. Ce dernier désigne donc soit l'espèce humaine, soit le mâle adulte de cette espèce :

> *L'homme* est un mammifère.
> Tu seras un *homme*, mon fils !

Cet emploi générique singulier est toutefois, comme dans le cas du pluriel, lié à un contexte (notamment prédicatif) également général. La section en italique de l'énoncé suivant ne semble pas acceptable :

> L'homme est un mammifère. Mais à la différence de l'animal, *l'homme est doté d'un utérus simple.*

En d'autres termes, au singulier comme au pluriel, la généricité du masculin résulte d'un évidement du genre, dans un contexte linguistique qui s'y prête. Cet évidement est fragile, l'action aisément réversible : le mot *homme* miroite. On peut jouer avec humour de ce chatoiement :

> Un *homme* sur deux est une femme.

C'est dans un contexte qui s'y prête que l'homme embrasse la femme. Il est possible, à l'inverse, d'en critiquer une regrettable ambiguïté. La Déclaration des droits de l'homme et du citoyen de 1789 énonçait des « droits naturels et imprescriptibles » (article 2), valables en tout temps et en tout lieu. Dès 1791, toutefois, Olympe de Gouges faisait remarquer que l'application juridique et politique de la Déclaration (droit de vote, capacité, etc.) ne concernait pas les femmes. L'*homme* et le *citoyen*, en 1789 et pour longtemps encore, étaient des mâles. Faut-il pour autant parler aujourd'hui de droits *humains*[1] ? Rappelons que la Déclaration des droits de l'homme et du citoyen de 1789 est gravée dans le marbre de la Constitution (préambule).

L'exemple parfait de l'hyperonyme *homme*, habilement choisi par l'Académie, nous est une bonne introduction à la souplesse sémantique du phénomène, dans son emploi au singulier. Soit cet exemple, relevé dans la presse :

> Le gouvernement français a choisi son *candidat* : c'est une *chirurgienne* de trente-cinq ans.

1. « Les hommes naissent et demeurent libres et égaux en droits », Déclaration des droits de l'homme et du citoyen de 1789, article 1. « Tous les êtres humains naissent libres et égaux en dignité et en droits », Déclaration universelle des droits de l'homme du 10 décembre 1948, article 1.

L'énoncé utilise tour à tour : le mot *candidat*, au masculin, qui désigne le concept général de « toute personne proposée pour un poste » (en l'occurrence la direction d'un organisme international) ; le mot *chirurgienne*, au féminin, qui réfère à une personne précise, dotée d'une identité (notamment sexuelle), et qui va se porter *candidate* à cette fonction. Tant le masculin générique que le féminin spécifique sont justifiés.

C'est donc de nouveau une affaire de choix et de maniement ingénieux des ressources de la langue. L'Académie française, dans sa déclaration de 1984, recommandait d'user du « genre non marqué » pour les dénominations professionnelles, du moins pour celles n'ayant pas un féminin d'usage. Une femme pouvait être *boulangère* ou *institutrice* ; mais il lui fallait se présenter comme *avocat*, *pharmacien*, *chirurgien*. Cette norme d'apparence simple et pratique (« en dehors des cas validés par l'usage, toute dénomination professionnelle est au masculin ») n'a en fait aucune pertinence linguistique. L'usage, en en faisant litière, a prouvé son inconsistance ; il nous revient de montrer combien elle était réductrice.

Il y a certes du *générique*. C'est-à-dire l'expression d'une notion, d'un concept ; on parlerait en logique du balayage d'une classe dans son ensemble :

> Le Français est un Italien mécontent.

Il s'agit du Français en général, archétypique et non genré. Cette visée généralisante possède sa grammaire propre ; on y relève notamment le pronom anaphorique *ça*, le présent intemporel, un certain emploi du masculin. Pensons à une déclaration célèbre :

> Un ministre, ça ferme sa gueule ou ça démissionne.

Jean-Pierre Chevènement entendait par là toute personne, quel que fût son sexe (notion en l'occurrence inappropriée), occupant la fonction ministérielle. Il est vrai qu'il avait choisi un prédicat compatible avec la généricité ; nous avons déjà vu que le masculin, dans ce cas, se vide de sa masculinité, qu'il peut facilement reprendre :

> Un ministre, ça pense à la politique en se rasant.

Il faut se souvenir qu'au singulier également le masculin miroite et qu'une valeur complète de générique, comme dans l'affirmation péremptoire de Chevènement, est exceptionnelle. Dans un tel contexte de généralité, le féminin est possible, mais il induit une signification particulière :

> *Une* ministre, ça ferme sa gueule ou ça démissionne.

On reste dans le générique, mais le balayage est autre ; il concerne une classe différente : l'ensemble des ministres femmes. L'auditeur est cependant en droit de se demander pourquoi il est question des seules ministres de sexe féminin ; une suite, par exemple comparative, est bienvenue :

> *Une* ministre, ça ferme sa gueule ou ça démissionne. En revanche, *un* ministre, *ça* tient davantage à son maroquin.

Nous retrouvons la valeur de généricité rencontrée dans l'étude du pluriel. Le nombre peut d'ailleurs n'être pas pertinent, un sémantisme semblable se rencontrant au singulier et au pluriel ; dans ses séminaires, Antoine Culioli aimait à prendre ce double exemple dont nous lui laissons la responsabilité :

> Les femmes, ça tricote.
> Une femme, ça tricote.

Essentiellement dissemblable est le *spécifique*, qui désigne une personne précise, selon une grammaire tout autre (par exemple, un temps verbal du passé, une locution adverbiale temporelle, etc.).

> *Une* ministre, le 17 décembre 1997, ne ferma pas sa gueule.

Si l'on avait dit :

> *Un* ministre, ce jour-là, lui non plus ne ferma pas sa gueule

l'interprétation eût été également spécifique, incitant à rechercher lequel de ses collègues masculins avait rejoint son audace. L'évocation d'un individu précis, dans un contexte particulier, relève du spécifique. Cet individu est sexué ; la désignation de ses « profession, titre et fonctions » est (sauf les exceptions historiques résiduelles que nous avons vues) genrée en harmonie :

> *Un* ministre, ça ferme sa gueule ou ça démissionne.
> C'est pourquoi Mme Dupont, *la* fring*ante* ministre entê*tée*, devra néanmoins fermer sa gueule, ou démissionner.

Car tel est bien le fonctionnement régulier et ancien de la langue : dans la désignation d'une personne singulière, le genre suit le sexe. Après avoir commenté l'exemple académique « Cette ville compte 20 000 habitants », qu'elle juge « tout à fait normal » parce qu'au pluriel, Josette Rey-Debove, linguiste et codirectrice du *Robert*, ajoute :

> Mais nul n'affronte le singulier ; car c'est une règle que le genre soit lié au sexe lorsque la forme du mot le permet : *un* élève/*une* élève, *un* architecte/*une* architecte, *une* athlète, *une institutrice*, *une mathématicienne*, *une présidente*. [...] Cette règle est appliquée dans 95 % des cas. Se référer aux exceptions comme *ingénieur* ou *professeur* est un abus de confiance : le maintien du masculin vient de la difficulté formelle de féminisation et non d'une pseudo-règle de neutralité masculine des fonctions [1].

Si elle était encore de ce monde, Josette Rey-Debove constaterait avec satisfaction que *professeur* et *ingénieur* ne sont plus des « exceptions » : les formes nouvelles *professeure* et *ingénieure* sont venues confirmer la concordance régulière du genre et du sexe qu'elle avait rappelée.

Nous avons varié des énoncés, leur faisant exprimer tour à tour différentes valeurs de générique et une signification spécifique. Cette distinction du général et du particulier est capitale. Nous la servirons fidèlement : face à l'extrémisme féministe, nous validons l'emploi d'un masculin singulier à valeur générique ; face au purisme académique, nous désignerons au féminin une personne singulière de sexe féminin, accueillant avec bienveillance la néologie que cet appariement entraîne.

Ce n'est pas simple exercice de grammairien ; l'usage pratique de la langue est en jeu, ainsi que l'interprétation qu'il induit. En janvier 1998, Maurice Druon, Hélène

1. Josette Rey-Debove, « Madame "la" ministre », *Le Monde*, 14 janvier 1998.

Carrère d'Encausse et Hector Bianciotti publièrent une « Adresse au président de la République » (Jacques Chirac) ; on pouvait y lire :

> Déjà, en 1984, un ministre délégué aux Droits de la femme avait voulu créer une commission « chargée d'étudier la féminisation des titres et des fonctions, et, d'une manière générale, le vocabulaire concernant les activités des femmes », et cela en vue de promulguer un décret [1].

Seuls les lecteurs du *Figaro* au fait de la politique française (quatorze ans plus tôt) interprétèrent correctement l'expression *un ministre délégué* : c'était une femme. Pour les autres, il s'agissait d'un homme. Dans le contexte d'une désignation particulière, en effet, l'interprétation va naturellement au spécifique ; la norme puriste, noblement déployée dans cette « adresse présidentielle », qui fait user d'un masculin « cas non marqué » au sujet d'une personne précise, frappe par son artifice. Ce « bon usage » est maladroit, voire tout simplement équivoque ; une telle « élégance », artificielle et incongrue, en vient à mettre à mal la fameuse clarté française, tant vantée par l'Académie. Soit l'énoncé suivant :

> Le secrétaire perpétuel et les membres de l'Académie française ont la tristesse de faire part de la disparition de leur confrère, XY, chevalier de la Légion d'honneur, commandeur de l'ordre des Arts et des Lettres, décédé le 6 février 2015.

Pour tout francophone non prévenu, l'interprétation est transparente : il s'agit du faire-part de décès d'un homme ; dans ce contexte spécifique, le genre masculin, employé

1. *Le Figaro*, 9 janvier 1998.

continûment (dans les accords et le lexique, notamment l'emploi de *confrère*) est solidaire du sexe de la personne désignée. Toutefois l'avis publié par la Compagnie, le 9 février 2015, est le suivant :

> Le secrétaire perpétuel et les membres de l'Académie française ont la tristesse de faire part de la disparition de leur confrère, Assia Djebar, chevalier de la Légion d'honneur, commandeur de l'ordre des Arts et des Lettres, décédé le 6 février 2015 [1].

Assia Djebar, comme on ne l'ignore pas, était une femme ; et elle n'eût pas tenu à honneur d'être ainsi masculinisée.

On comprend par suite l'émoi d'Yvette Roudy. Les textes juridiques relèvent d'une désignation générique : ils visent des fonctions, quelque personne qui vienne les occuper. Cette généricité de principe traduit, notamment, le plein accès des citoyens « à toutes dignités, places et emplois publics, selon leur capacité, et sans autre distinc-

1. Notons que, sur le site de l'Académie (consulté le 6 juillet 2018), on a corrigé le participe passé *décédé* en *décédée*. Évolution furtive vers le bon sens ; c'est l'usage suivi, le 30 juin 2017, pour annoncer la disparition de Simone Veil : « Le secrétaire perpétuel et les membres de l'Académie française ont la tristesse de faire part de la disparition de leur confrère, Mme Simone Veil, grand-croix de la Légion d'honneur, *décédée* le 30 juin 2017, à Paris, à l'âge de quatre-vingt-neuf ans. » Notons qu'à la différence d'Assia Djebar apparaît devant le patronyme *Simone Veil* l'indication « Mme », autre désambiguïsation discrète. En revanche, l'emploi de *confrère* au sujet d'une dame reste surprenant. La 9e édition (en cours) du dictionnaire de l'Académie française accueille le substantif *consœur*, suivi il est vrai d'une définition qui en restreint (habilement mais indûment) l'emploi aux professions libérales (« titre utilisé par les membres d'une profession libérale pour désigner une femme exerçant la même profession ou pour s'adresser à elle »), bloquant ainsi l'usage pour une académicienne.

tion que celle de leurs vertus et de leurs talents » (article 6 de la Déclaration de 1789). Nous pourrions ajouter : « et sans distinction de leur sexe ». Le masculin singulier générique est de rigueur. Soit les articles 5 et 21 de la Constitution :

> Le président de la République veille au respect de la Constitution. Il assure, par son arbitrage, le fonctionnement régulier des pouvoirs publics ainsi que la continuité de l'État.
> Le Premier ministre dirige l'action du Gouvernement. Il est responsable de la défense nationale [...].

Ces articles énoncent (au masculin générique : *le*, *il*) les prérogatives de chacune des deux fonctions. On sait que la seconde a déjà été remplie par une femme, sans qu'il eût été besoin de corriger le texte fondateur. Cette femme était alors *la Première* ministre ; elle a ouvert la voie à une future *présidente*, qui occupera dignement la fonction de *président* de la République. Il en est ainsi des fonctions et mandats que les 89 articles citent au générique : point n'est besoin, comme le réclamèrent perfidement le député Gilbert Gantier et le sénateur Alain Peyrefitte, d'amender la Constitution pour les féminiser...

Un texte administratif, toutefois, est particulier : le décret d'attribution. Il définit les compétences, le périmètre d'action d'un ministre, et notamment les services de l'État sur lesquels il a autorité. Résultant souvent d'un arbitrage entre des rivalités intragouvernementales aussi féroces que discrètes, il est relatif à un ministre donné, à la mission que le président et le Premier ministre lui ont confiée, voire à son autorité personnelle : on se souvient de Laurent Fabius ministre des Affaires étrangères arrachant le Commerce extérieur à Bercy. C'est dire combien un tel texte est lié (dans sa durée et son contenu) à une personne particulière, singulièrement ministre d'un gouvernement donné ; s'il s'agit d'une femme, le féminin pour la désigner s'impose. Et cela, depuis le décret d'attribution d'Yvette Roudy qui avait « retoqué » la première version, entièrement masculine, au profit d'une version spécifique et féminine (décret du 13 juin 1981), laquelle a fait école. Faire de Mme Roudy, en tant que ministre déléguée, un sujet masculin (« *il* veille à l'application... », « *il* est associé... ») au motif d'une norme grammaticale implacable et aveugle, c'était, sous prétexte d'exprimer la neutralité de sa fonction, nier sa féminité.

Cette alternance au singulier d'un générique masculin (dans un contexte qui s'y prête) et d'un spécifique qui apparie le genre et le sexe peut paraître subtile ; elle l'est. C'est ainsi que fonctionne la langue française et que l'on doit en user. Le Premier ministre, dans sa circulaire du 21 novembre 2017, se conforme à cette souplesse. Il rappelle que les textes administratifs, désignant des fonctions « susceptibles de s'appliquer aussi bien aux femmes qu'aux hommes », sont rédigés au masculin générique. Certains de ces textes, toutefois, sont signés. Le signataire en est une personne singulière, dont la fonction est désignée en déduisant le genre du sexe :

> Lorsqu'un arrêté est signé par une femme, l'auteure doit être désignée, dans l'intitulé du texte et dans l'article d'exécution, comme « la ministre », « la secrétaire générale » ou « la directrice ».

Cette distinction est de bon sens ; nous considérerons qu'elle est de bon usage.

La position puriste, telle que l'Académie française en 1984 l'a formulée de façon solennelle, justifiée par un appel à des savants et provisoirement préservée de tout changement grâce à son autorité, fut écartée par l'usage, conduisant la Compagnie à une résipiscence discrète que nous verrons plus tard. Mais cette position normative énoncée avec éclat depuis la Coupole était-elle si solide ? Deux défauts constitutifs la minaient. Elle était tout d'abord étonnamment réductrice, aveugle à la distinction du générique et du spécifique, insensible à la souplesse sémantique de l'énonciation : que le purisme, appuyé au bras de la « science », passe si majestueusement à côté du fonctionnement de la langue vaut la peine d'être noté. La position académique, ensuite, légitimait un dysfonctionnement linguistique qui devait tout à l'histoire, laquelle a continué sa marche. Cette norme énoncée comme intemporelle, au secours de laquelle volait un structuralisme singulièrement anhistorique, ce privilège essentialiste donné au masculin, tout cela n'était que du social déposé pour quelque temps dans la langue. Afin de le comprendre, il nous faut remonter le cours des siècles ; mais auparavant décrire comment on a toujours fabriqué des féminins.

CHAPITRE 4

L'atelier du féminin

Comme l'écrit joliment Edwige Khaznadar, « la langue française est amie du féminin[1] ». Une telle affirmation est aussi nécessaire que courageuse, tant flotte dans la conscience puriste l'idée que la féminisation non seulement est illicite, de par l'universalité supposée du masculin, mais qu'elle se montre, dans sa néologie rebelle, maladroite, grossière et laide. Un lexique de bas-bleu. On note avec complaisance qu'*écrivaine* rime avec *vaine*, sans prendre garde à la rime d'*écrivain* (et en oubliant *châtelaine* et *souveraine*) ; on insiste d'un air entendu sur la péjoration du suffixe *-esse* (rime par ailleurs également fâcheuse), sans saisir que cette dépréciation supposée est contredite à l'envi par les *comtesse*, *duchesse*, *princesse*, etc. ; au besoin, on caricature. Certes, les querelles de langage, qui touchent au plus précieux voire à l'intime (la langue maternelle), font bon ménage avec l'outrance et le mensonge : l'auteur de ces lignes, ayant pris quelque part aux (modestes) « rectifications orthographiques » de décembre 1990, se souvient de sa stupeur quand des voix autorisées l'accusèrent de fomenter une nouvelle « ortograf fransèze ». En l'occurrence le respect des faits, le goût de la discussion

1. Edwige Khaznadar, *Le Féminin à la française*, *op. cit.*, p. 25.

argumentée sont du côté des partisans d'une évolution saine de l'idiome ; les conservateurs à tous crins, pour reprendre une formule célèbre, « osent tout ». La chose est patente ; il n'empêche, on reste confondu devant la caricature, misogyne et fielleuse, de la féminisation lexicale que se permettent les tenants du statu quo, que le port de l'habit vert ne dissuade pas d'une pitoyable galéjade. Depuis trente ans, diverses plumes académiques ont dénoncé des *ministresse*, *gardeuse* ou *gardienne* des Sceaux[1], *médecine*, *recteuse*, *rectoresse*, *rectale*[2], *sénateure*, *sénateuse* que personne ne proposait ; elles ont ironisé à peu de frais sur quelques néologismes[3]. Serait-ce de bonne guerre ? Non, car ces pratiques de bateleur, outre qu'elles discréditent une institution, confortent la réticence du public à la nouveauté lexicale.

La grimace devant la néologie

Il en est ainsi : l'attachement à la langue française est si fort et communément partagé que toute innovation langagière incommode. On aime la langue française telle qu'elle est et devrait se perpétuer ; on la range au nombre des per-

1. Ce qui constitue un exemple remarquable de mauvaise foi. Le masculin étant *le garde* (et non *le gardien*) des Sceaux, le féminin en est évidemment *la* garde. Ce terme est d'emploi courant aujourd'hui.

2. La palme revient à ce *rectale*, qui en dit long sur l'inconscient de son auteur.

3. « Décrétée à Bruxelles, la "féminisation du vocabulaire" nous propose des "matelotes" pour nous mener en bateau, des "cafetières" pour nous verser à boire, des "pompières" pour éteindre nos feux… » (André Frossard, de l'Académie française, « Cavalier seul », *Le Figaro,* 26 février 1994).

manences qui rassurent. Qu'elle soit elle-même mouvement, innovations multiples à chaque instant n'est pas perçu ; qu'il lui faille évoluer avec le monde qu'elle est chargée d'énoncer importe peu : l'identité langagière, immuable et nouée d'interdits, est le dernier sacré d'une société laïque. La néologie, dès lors, tient du sacrilège. Elle est une hérésie lexicale qu'instinctivement on réprouve, quelque forme, quelque violence que prenne la réprobation : anathème, leçon, sourire, quolibet. La production terminologique officielle contemporaine, que nous avons évoquée plus haut, a la plus noble des missions : enrichir la langue française ; son histoire est pourtant celle d'une lutte constante avec la réticence du public ; ses succès constituent de paradoxales victoires sur ses bénéficiaires. Le mot *logiciel* lui-même passa d'abord pour irrémédiablement artificiel et sans avenir. Bien des termes entrés dans la langue courante sont d'anciens blasphèmes ; les autres, de précédentes laideurs. Car en présence du néologisme contrariant, la défiance se fait artiste. Déjà Louis-Sébastien Mercier, dans l'introduction de sa *Néologie* (1801), s'alarmait d'une pruderie esthétisante freinant la nécessaire expansion du lexique français [1] ; le phénomène n'a guère décru : nous pouvons témoigner que le mot *baladeur*, proposé à la place de *Walkman* (nom déposé), fut d'abord jugé fort laid. La néologie est dissonante quand elle dérange ; l'euphonie conforte le statu quo. L'ironie académique vient donc trop aisément donner la main, et une singulière caution morale, aux réactions négatives devant les créations lexicales suscitées par la féminisation. Le nouveau féminin, quoique parfaitement formé, paraît discordant, même à la

1. Louis-Sébastien Mercier, *Néologie*, éd. Jean-Claude Bonnet, Belin, 2009.

femme qui pourrait se l'approprier : à quatre-vingt-huit ans, la charmante et courageuse Mireille (résistante dès 1940) tançait le journaliste de France Inter qui l'avait qualifiée de *compositrice* : « Non ! *Compositeur* ! Quelle horreur, *compositrice* ! » Et que n'a-t-on dit, de manière un peu grasse, des *sapeuses-pompières* (dont la morphologie est pourtant impeccable) ? De la nuance « intrinsèquement » péjorative des suffixes *-esse* et *-euse* ? Ce sont des cas extrêmes, que les puristes arborent. Ils légitiment ainsi une réserve qui n'est pas toujours de mauvaise foi [1]. Une réticence diffuse, un malaise devant les innovations féminisantes expriment les représentations sociales et l'imaginaire associé à la langue, livrant du grain à moudre aux sociolinguistes[2]. Les entretiens conduits pas ces derniers sont révélateurs. L'euphonie a la vertu de justifier le trouble ressenti devant l'innovation linguistique, laquelle est une innovation sociale : tel trouve *la juge* dissonante, qui ne craint pas de déclarer : « Cette façon de dire, je *la juge* assez laide. » Qu'on nous pardonne une anecdote personnelle. Un ami nous ayant avoué son aversion pour le mot *préfète*, nous l'invitâmes à une réception intime, la veille d'une cérémonie officielle : à une *pré-fête*, en somme ; le terme, ostensiblement répété devant lui, ne le gêna en rien, il n'y vit aucune malice. Le néologisme fémi-

1. Denise Cacheux, députée socialiste, pourtant favorable : « J'hésiterais peut-être à me faire appeler *sénatrice* : ce n'est pas très joli », *in* Brigitte Leveillé-Nizerolle, « Les partis et la féminisation des titres », *Média et Langage*, n° 19-20, 1984, p. 44.

2. Anne-Marie Houdebine-Gravaud (dir.), *La Féminisation des noms de métiers*, L'Harmattan, 1998. Rappelons l'ouvrage pionnier, auquel les recherches ultérieures doivent beaucoup, de Marina Yaguello, *Les Mots et les Femmes. Essai d'approche sociolinguistique de la condition féminine*, Payot, 1978.

nisant semble un hideux sacrilège ; il offense d'autant plus la (supposée) immuabilité de la norme qu'il est porteur d'une revendication qui, obscurément, irrite certains, embarrasse certaines.

C'est pourquoi il importe de rappeler que le genre féminin a toute sa place dans la langue française, qu'il y bénéficie d'une morphologie appropriée et régulière.

Féminiser : un art simple et tout d'exécution

Cet ouvrage décrit le cours d'une langue se jouant des écueils puristes ; il ne peut s'arrêter au détail de ses remous. Nous ne donnerons donc pas d'exposé complet de morphologie nominale ; les bonnes grammaires et chacun des manuels (québécois, suisse, belge, français) de féminisation y consacrent le chapitre qui convient. Mais nous établirons fermement, face au sarcasme et au doute, l'aisance avec laquelle un substantif féminin se forme en français. Cette simplicité est d'ailleurs à souligner, tant le purisme déstabilise : un francophone possède les règles morphologiques qui lui permettent de féminiser, intuitivement, presque tous les substantifs animés humains du français ; le blocage n'est donc pas grammatical. Ainsi, les linguistes belges Anne Dister et Marie-Louise Moreau vont-elles allègrement à l'essentiel :

> La majorité des règles sont simples, usuelles, leur champ d'application est large. Si même on ne l'a jamais entendue, on ne peut guère hésiter sur la forme féminine correspondant aux masculins *avoué*, *bourgmestre*, *commissaire*, *contractuel*, *courtier*, *député*, *échevin*, *électronicien*, *expert*, *greffier*, *informaticien*, *juge*, *maréchal*, *ministre*, *naturopathe*, *officier*, *référendaire*,

> *virologiste*, etc. On applique la règle la plus générale : « On ajoute un -e à la forme masculine, sauf si celle-ci en comporte déjà un », et on procède, le cas échéant, à quelques ajustements courants (accents, redoublement de consonne, etc.).

Elles en donnent une preuve originale :

> La féminisation régulière de mots fictifs, comme *calefrier*, *chapporé*, *ciremel*, *damilin*, *dévolaire*, *filociste*, *mirapert*, *nolicien*, *orcassant*, *vofinal*, est à la portée d'élèves de primaire [1].

Tel est le réel de la langue : il est bien éloigné des fantasmes. Un féminin s'obtient par l'emploi d'un déterminant féminin, par l'ajout d'un *-e* final à une forme masculine (sauf double emploi : *architecte*), par d'éventuels ajustements intuitifs (*acousticienne*, *ouvrière*, *patronne*, *préfète*, *sportive*). Cette règle élémentaire est valable pour des milliers de termes : Edwige Khaznadar a dépouillé les 5 000 noms communs de personne du *Petit Robert* ; le *Guide d'aide à la féminisation* français, dont nous nous sommes occupé, s'est fondé sur le *Répertoire opérationnel des métiers et des emplois* (10 000 termes) de l'Agence nationale pour l'emploi ; ils furent « féminisés » automatiquement par un logiciel de morphologie, qui fournit les formes que l'ouvrage, après vérification manuelle, proposa aux usagers [2].

1. Anne Dister et Marie-Louise Moreau, *Féminiser ? Vraiment pas sorcier !*, Duculot, 2009, p. 69.

2. « La lecture en est une délectation. On y trouve une *affranchisseuse*, une *arrondisseuse*, une *barboteuse*, une *boucheuse*, une *boudineuse*, une *compagnonne* [...], une *déboiseuse*, une *débouteuse*, une *décortiqueuse* – qui ne sont pas des machines mais des personnes –, une *enduiseuse*, une *évaporeuse*, une *lessiveuse*, une *main-courantière*, une *papillonneuse*, une *pompière*, une *palpeuse*, une *tôlière*. Sans oublier, naturellement, une *sous-préfète* et une *lieutenante*. Et sans parler de l'insupportable *écri-*

Il s'agit, certes, de formes virtuelles : qu'elles soient effectivement en usage importe peu à la linguistique. Celle-ci, en tant que telle, ne se préoccupe pas de l'existence de *scaphandrières* ; c'est sans doute regrettable, mais la bonne construction du terme lui suffit. La grammaire décrit des procédés morphologiques, et non le destin que la société leur réserve. Cette distinction n'est pas sans prix, si l'on en juge par la récente évolution du *Bon Usage* de Maurice Grevisse. Ce manuel avait coutume d'insérer dans son chapitre consacré au genre une liste au statut, pour dire le vrai, fort incertain. Elle répertoriait les substantifs masculins qui n'étaient pas pourvus d'un féminin ; on y relevait, par exemple : *amphitryon*, *auteur*, *bandit*, *bâtonnier*, *bourreau*, *brigand*, etc.[1]. On mesure la précarité d'un tel répertoire, ainsi que son faible intérêt : qu'une profession masculine s'ouvrît enfin aux femmes, qu'elle acquît une dénomination féminine, et le mot disparaissait de la liste dans l'édition suivante. Cette élimination, d'ailleurs, avait été anticipée par l'inventivité langagière des écrivains : le rédacteur du *Bon Usage*, toujours le plus malicieux de ses contradicteurs, ne manquait pas de signaler en remarque qu'il avait d'ores et déjà relevé une *amphitryonne* et une *bandite* chez Léon Bloy, une *bourrelle* chez Céline, etc. On notera que depuis qu'André Goosse est maître à bord, une telle liste a disparu, remplacée par des remarques fort prudentes sur des termes qui semblent essentiellement masculins, pour des raisons anatomiques (*eunuque* ; mais Claudel traitait une femme d'*eunuque spirituelle*), usuelles (*clampin* ; mais *clampine* chez Huysmans), historiques (*don Juan* ; mais des *don Juanes* chez Marcel

vaine », Maurice Druon, « Non à une langue défigurée », *Le Figaro*, 29 décembre 2005.

1. Duculot, 12e édition, 1986, § 476 b 1°.

Prévost), professionnelles (*curé*, *évêque*, *aumônier* ; mais *La Croix* du 16 avril 2015 parlait d'une jeune *aumônière* protestante). André Goosse ajoute avec sagesse :

> Il est difficile de donner une liste assurée, tant la place des femmes dans la société n'a cessé de s'élargir depuis la fin du XIXe siècle[1].

Constater le défaut, à un moment donné, d'une forme féminine n'autorise pas à en déduire la carence intrinsèque ni à en prononcer l'interdiction. Le grammairien valide une formation morphologique, que les pratiques sociales matérialisent ou pas. Ayant rappelé avec brio la morphologie du féminin, un autre éminent linguiste belge, Marc Wilmet, conclut : « Tout le reste n'est que sociologie[2]. »

Au bonheur d'-*eure*

L'atelier du féminin rencontre certes des difficultés, que nous ne mésestimons pas ; elles sont principalement deux : les substantifs en -*eur* ; un petit lot de cas particuliers.

Auteur, *docteur*, *ingénieur*, *procureur*, *professeur*, *proviseur*. Un groupe de dénominations professionnelles usant du suffixe -*eur* frappe moins par son nombre que par sa « qualité » : il désigne des professions qui furent conquises (ou reconquises) par les femmes ; les féminiser est donc d'une grande importance symbolique[3]. La question est

1. Duculot, 14e édition, 2008, § 485 c 1°.
2. Marc Wilmet, *Grammaire critique du français*, Duculot, p. 56.
3. Nous y ajouterons quelques noms communs fréquents : *possesseur*, *précurseur*, *prédécesseur*, *successeur*, *vainqueur*, etc., qui se doivent d'avoir un féminin.

plus générale : les mots en *-eur* se féminisent, certes, mais selon des procédés qui n'ont pas la simplicité habituelle. La raison en est historique : ces termes sont entrés dans la langue successivement, à des époques où la morphologie favorisait telle ou telle formation. Au total, leur féminisation recourt aux suffixes suivants :

-esse : chanoinesse, demanderesse, etc.
-eure : supérieure, prieure, etc.
-euse : brodeuse, chanteuse, etc.
-trice : agricultrice, sculptrice, etc.

Le choix du suffixe obéit à des règles dans le détail desquels nous n'entrerons pas. Elles peuvent se résumer, à grands traits, ainsi :

Les noms en *-eur* dérivés d'un verbe ou d'un substantif font leur féminin en *-euse* (*coiffeuse*, *basketteuse*) ; les noms en *-eur* non dérivés posent un problème (*ingénieur*, *proviseur*).
Les noms en *-teur* forment leur féminin en *-trice* (*directrice*, *rectrice*) sauf s'ils sont visiblement dérivés : dans ce cas ils rejoignent le suffixe *-eur* général (*chanteuse*).

Une telle formation, on le voit, est assez complexe, souffre d'exceptions (*sculptrice* est plus courant que *sculpteuse*, attendu d'après *sculpter*), tolère des formations parallèles (*enquêteuse* et *enquêtrice* sont tous deux courants), ne règle pas la question d'*ingénieur*, *proviseur*, etc. Et c'est bien le problème : en dehors des mots en *-(t)eur* dérivés d'un verbe, heureusement très majoritaires et qui forment leur féminin de façon intuitive et prédictive (*broder*, *brodeur*, *brodeuse* ; *chanter*, *chanteur*, *chanteuse*), reste un petit nombre de termes, socialement valorisés, que la seule maîtrise de la langue ne suffit pas à féminiser ; c'est une déficience.

Nous ferons l'éloge, par suite, du nouveau suffixe *-eure*. Apparu au Québec à partir de 1994 (une *auteure*, une *professeure*, une *procureure*), ce suffixe s'est progressivement répandu. Sa propagation se mesure par les guides de féminisation (québécois, belges, suisses, français) qui, au rythme de leurs éditions, d'abord l'ignorent, puis le signalent, puis l'adoptent. Il possède en effet toutes les vertus. Que la langue invente un suffixe est en soit intéressant et prouve sa vitalité (pensons de même au suffixe *-iel* en informatique : *logiciel*, *progiciel*, *didacticiel*, etc.). Ensuite, cette terminaison n'est pas artificielle. Elle s'enracine dans une pratique médiévale qui féminisait en *-e* des mots s'achevant en *-eur* : d'abord des termes issus de comparatifs latins en *-ior* (*mineure*, *majeure*, etc.), notamment pour désigner des fonctions ecclésiastiques féminines (*prieure*, *supérieure*), puis, par extension, divers mots en *-eur*. Le *Mistère du viel testament* (vers 1450) enchaîne ainsi les rimes en *-eure* :

Adam
Pleure, dolente femme, pleure,
Et de pleurs tout ton corps espleure
D'avoir esté *mediateure*
Du serpent et *intercesseure*
Envers moy, pour moy decevoir.
Requier à Dieu qu'il te sequeure ;
Repens toi, povre *malfacteure*,
Femme fragille, *detracteure*,
De tout vice *procurateure*[1] !

1. *Le Mistère du viel testament*, éd. James de Rothschild, SATF, t. I, vers 1605-1613.

Ingénieure et *professeure* ne font donc que reprendre une aisance médiévale. En cela, ces formes représentent une féminisation naturelle : la plus grande règle (et la plus simple) n'est-elle pas d'ajouter un *-e* final à la forme masculine ? *Ingénieure*, provenant de *ingénieur + e*, ne diffère pas des *avouée*, *contractuelle*, *courtière*, *députée*, *échevine*, *électronicienne*, etc. évoquées plus haut. Nous avons dit qu'un tel procédé avait les faveurs de Ferdinand Brunot : « Quelques formes se féminiseraient facilement : *ingénieure*, *professeure* s'écriraient comme *supérieure*[1]. » De plus, dans le français actuel, ce suffixe présente des avantages sur lequel Anne Dister et Marie-Louise Moreau insistent avec raison :

> À l'écrit, le genre est apparent, même dans les formes isolées, sans déterminant (Julie Messain, *proviseure*) ou lorsque le déterminant ne le spécifie pas (l'*assesseure*, les *procureures*, son *ingénieure*). Par ailleurs, ces formes toutes récentes ne présentent qu'une seule valeur sémantique, n'ont pas de voisines embarrassantes (comme c'est par exemple le cas pour *entraîneuse*) ; elles court-circuitent les relations avec des substantifs désignant un instrument ou une machine (*agrafeuse*, *broyeuse*, *calculatrice*, *perforatrice*)[2].

On ne peut que recommander ce suffixe néologique de bon aloi, qui se lit mais ne s'entend pas (le *-e* « muet » final ne se prononce plus, sauf dans le midi de la France, depuis le XVIIe siècle) : il a le mérite, non négligeable, d'épargner les oreilles puristes :

1. *La Pensée et la Langue*, *op. cit.*, p. 90.
2. Anne Dister et Marie-Louise Moreau, *Féminiser ? Vraiment pas sorcier !*, *op. cit.*, p. 79.

Auteure, docteure, ingénieure, pasteure, possesseure, précurseure, prédécesseure, procureure, professeure, proviseure, successeure.

Sans équivoque ni connotation fâcheuse, sans prêter au sarcasme, il est le suffixe féminin de la modernité, appelé au plus grand avenir. D'ores et déjà le français du Québec l'emploie pour des termes issus de verbes, en concurrence avec des formes régulières en *-euse* ou *-trice* :

Assureuse/assureure
Défenseuse/défenseure
Entrepreneuse/entrepreneure
Réviseuse/réviseure
Sculptrice/sculpteure
Superviseuse/superviseure [1]

De ce côté de l'Atlantique, nous avons relevé une *contrôleure* générale des lieux de privation de liberté, une *rapporteure* générale du budget, de très nombreuses *chercheures* scientifiques ; la même tendance se dessine. Ce suffixe parviendra peut-être à lever les dernières réticences des femmes qui tiennent encore la féminisation pour dévalorisante. Même s'il nous faut pour cela abandonner la *doctoresse*, courante en français régional, que nous entendîmes toute notre enfance, au profit de la *docteure*…

1. Noëlle Guilloton et Hélène Cajolet-Laganière, *Le Français au bureau*, Office québécois de la langue française, 2014, p. 823 et suivantes. *Vainqueur*, dérivé du verbe *vaincre*, forme normalement son féminin en *vainqueuse* (forme attestée au Québec ; l'ancien français a connu un *vainqueresse*) ; *vainqueure* semble plus recommandable.

La cafetière n'est pas une camelote

Après la guerre du *nénufar* (à l'occasion de la réforme orthographique de 1990), aurons-nous celle de la *cafetière* ? On se gausse en effet chez les conservateurs d'un tel féminin scabreux : la femme qui tient un lieu public servant des boissons portera le même nom que l'ustensile dont elle se sert. Fâcheuse équivoque, ambiguïté fatale, amphibologie irrémédiable ! La féminisation dérape dans le ridicule ; elle ne pourra s'en relever. Personne ne signale, pourtant, que la femme qui a pour métier de faire la cuisine porte le même nom que son fourneau : la *cuisinière*.

La langue française vient de s'enrichir de milliers de termes féminins formés de façon naturelle, notamment grâce au progrès du suffixe *-eure* ; le phénomène, par son ampleur et sa rapidité, comme par son origine sociale, est sans exemple dans l'histoire de la langue. Va-t-il tomber victime d'infimes cas particuliers ? Et ces derniers sont-ils si dirimants ?

Le mot *médecine* est d'un emploi si courant qu'il semble difficile de le doter d'une signification seconde, « femme médecin » ; dont acte [1]. Il en est de même, avec une moindre évidence, pour *marine*, *camelote* et *matelote* ; dont acte également. Mais nous osons l'avouer : la *cafetière* nous laisse de marbre. Pourquoi devrait-on sourire ou se défier d'un terme qui n'est en rien un néologisme ? Attesté dès 1782 :

1. Il n'empêche, le statu quo ne semble plus tenable. On s'étonne de lire sous la plus d'un remarquable écrivain, à la langue inventive : « Le médecin du Samu était blonde, plutôt jeune » (Hervé Le Corre, *Les Cœurs déchiquetés*, Rivages, 2009, p. 246).

On courtise les *cafetières* : toujours environnées d'hommes, il leur faut un plus haut degré de vertu pour résister aux tentations fréquentes qui les sollicitent[1],

il est relevé cinq ans plus tard par le *Dictionnaire critique de la langue française* de l'abbé Féraud, qui reste prudent étant donné le silence académique sur ce mot (ainsi, il est vrai, que sur son masculin) :

Cafetière [...]. On le dit aussi de celle qui vend du café. On peut douter que ce mot soit du bel usage en ce second sens. L'Académie ne dit ni *cafetier* ni *cafetière* dans ce sens-là.

Si, au siècle suivant, Pierre Larousse et Émile Littré ignorent la *cafetière* (ils ne sortent pas assez), leurs successeurs, au XXe siècle, l'accueillent dans tous les grands dictionnaires (*Larousse*, *Robert*, *Trésor de la langue française*), à commencer par celui de l'Académie française, pour sa 8e édition, de 1932-1935 :

Cafetier, ière, n. Celui, celle qui vend du café tout fait, ainsi que d'autres boissons, chaudes ou froides.

Quant à son emploi, il faut certes se souvenir que la littérature ne parle pas abondamment des tenancières de café ; toutefois, Balzac lui-même :

Toute la vallée venait jadis y prendre modèle sur les turbans, les chapeaux à visière, les bonnets en fourrures, les coiffures chinoises de la belle *cafetière*, au luxe de laquelle contribuaient les gros bonnets de Soulanges[2].

1. Louis-Sébastien Mercier, *Tableau de Paris*, LXXI, (éd.) Samuel Fauche, 1781.
2. Balzac, *Les Paysans*, III, « Le Café de la Paix ».

Le terme est, sinon d'usage courant, du moins depuis longtemps attesté et formé dans les règles, ce qui importe. Son ambivalence ne semble avoir troublé personne ; pourquoi irrite-t-elle aujourd'hui ?

Face à l'entreprise de féminisation, il est fréquent d'invoquer une sorte d'obstacle matériel : la forme proposée pour le nouveau féminin serait impraticable, car « déjà prise » par un autre emploi. L'infortunée *cafetière* est rejointe dans son carcan sémantique par la *chancelière* (« sac fourré tenant les pieds au chaud »), par la *rectrice* (« plume de la queue qui dirige le vol d'un oiseau »), etc. C'est (feindre de) croire que les mots n'ont qu'une signification, et qu'elle est inébranlable. C'est refuser à la néologie féminisante ce que l'on tolère de l'usage quotidien : déguster une *religieuse* dans un salon de thé ne fait sourire que les anticléricaux. Et nul ne s'émeut de l'ambiguïté constitutive de termes désignant des professions ou fonctions *masculines*. Josette Rey-Debove s'en amusait, aimant à informer ses amies qu'elle avait déniché un « joli petit tailleur ». Elle eût pu leur confier, tout autant, son goût pour un « avocat pas trop mûr », un « cadre princier », un « financier craquant », un « secrétaire élégant », un « vinaigrier piquant ». La monosémie immuable n'existe que dans la parfaite utopie des langues universelles, et dans les langages de programmation. Par sa nouveauté, *agrafeuse*, en tant qu'« ouvrière chargée d'agrafer », nous met en situation d'observer que ce terme désignait auparavant une machine servant à l'agrafage, et qu'il doit se dire désormais également d'une personne ; mais quel locuteur perçoit, déplore ou réprouve l'équivoque de *tuteur*, à la fois homme et objet ? La polysémie est au cœur des langues, la nôtre n'y échappe pas. Depuis Rivarol, on affirme que la langue française est un modèle de précision et de clarté. « Ce qui n'est pas clair n'est pas français » : la formule, brillante, est connue ; elle est particulièrement malavisée au sujet d'un idiome qui, pour des raisons qui tiennent à son histoire phonétique, a multiplié les homonymes. La langue française n'est pas sans équivoque : les poètes, les humoristes, parfois les diplomates, en tirent parti ; les autres s'en accommodent. Mais pas ce gendarme qui nous intercepta sur une petite route de la campagne picarde, un soir de décembre 1985, vers 22 h 30. Alors haut fonctionnaire au ministère de l'Éducation nationale, retenu ce soir-là à Amiens par un dîner de travail avec le recteur, nous tentions de rejoindre un cortège officiel, de retour vers Paris. À cette fin, nous avions (coupablement) invité notre chauffeur à prendre, à vive allure, un raccourci. Au fonctionnaire qui nous avait arrêté, nous produisîmes cette excuse ingénue, laquelle révéla l'abîme sans fond de la perplexité gendarmesque :

> Je suis le ministre.

Le rivarolisme rendit l'âme ce soir-là, sur le bas-côté d'une départementale.

Interdire à un terme d'adopter une nouvelle acception, c'est nier la réalité du langage, qui est polysémie fluide : les significations glissent et se chevauchent, par évolution interne (extension, dérivation, image, etc.), ou reflétant des changements sociaux. Et il n'est pas illicite d'y mettre la main. Un bon exemple en est ce que nous nommerons le *féminin conjugal* : depuis le XVIIIe siècle, certains féminins désignent, non pas celle qui exerce une fonction, mais l'épouse de celui qui en est chargé – *ambassadrice*, *générale*, *présidente*, *préfète*. Un tel usage, dont nous ferons l'histoire critique au chapitre suivant, est-il immuable ? Et voué à l'univocité ? C'est ce que pensent les puristes, refusant toute évolution en ce domaine. Dès 1984, Alain Peyrefitte s'en inquiétait :

> Faut-il dire *Mme le préfet*, *Mme l'ambassadeur* ? ou bien *Mme la préfète* et *Mme l'ambassadrice* (termes réservés jusque-là à la femme du préfet ou de l'ambassadeur) ? Mais dans ce cas comment désignera-t-on les épouses ? Les gommera-t-on, alors que leur rôle est si important dans une ambassade ou une préfecture [1] ?

La sollicitude de l'académicien ancien ministre pour les épouses de hauts fonctionnaires ne laisse pas de toucher. Elle rend hommage à l'activité non rémunérée que beaucoup d'entre elles acceptèrent d'exercer (cheffe de protocole, décoratrice, animatrice de table, etc.), aux dépens, parfois, du personnel de l'ambassade, tyrannisé : c'est bien connu. De cette faveur gracieuse accordée à la République, on tire l'idée d'un usage toujours tenu pour définitif, quinze ans plus tard :

> En France, une femme chef de mission diplomatique parce qu'il faudrait autrement la nommer *cheftaine* [2] continuera de s'appeler *Mme l'ambassadeur*, l'usage réservant le terme d'*ambassadrice* à l'épouse d'un ambassadeur en poste [3].

1. Alain Peyrefitte, « Gouvernement, Académie et féminisme », *Le Figaro*, 23 juin 1984.

2. Pourquoi ? La forme *cheffe* est attestée depuis le XIXe siècle.

3. Maurice Druon, Hélène Carrère d'Encausse, Hector Bianciotti, « Adresse au président de la République », *Le Figaro*, 9 janvier 1998.

Après vingt nouvelles années, la cause est entendue. Pour avoir, en tant que recteur de l'Agence universitaire de la Francophonie, fréquenté à l'envi les ambassades des pays francophones, et singulièrement de la France, nous pouvons témoigner d'un changement de mentalité, qui s'observe dans la langue. Une nouvelle génération est aux affaires dans les postes diplomatiques ; elle parle le français de son temps. Les femmes cheffes de mission diplomatique se font appeler *madame l'ambassadrice*, se souvenant parfois que, jadis, les épouses des ambassadeurs portaient ce titre. Quant à ces dernières, diplômées, insérées dans la vie active, ayant des professions qui, souvent, les tiennent en partie éloignées de l'ambassade, elles refusent dans leur majorité de jouer les utilités prestigieuses. Interrogées (nous n'y manquions jamais) sur le titre *madame l'ambassadrice*, elles sourient, s'offusquent, mettent les choses au moins : « L'ambassadeur, c'est mon mari ; moi, j'ai mes propres occupations. » La palme revient à cette épouse qui, très « grande dame » malgré sa quarantaine sportive, nous déclara tout de go : « Me faire donner du "madame l'ambassadrice" ? Mais, mon cher monsieur, c'est du langage de concierge ! » Les puristes, qui se piquent de mondanité, apprécieront[1].

Le lexique des métiers, titres et fonctions n'est pas dissemblable du vocabulaire général ; il possède même polysémie (éventuellement scabreuse : la *cafetière* est sur la *cuisinière*, hélas, comme l'*avocat* tache le *tailleur*), même fluidité sémantique (un *sucrier* est aussi un fabricant de

1. La baronne Staffe n'eût pas démenti le grammairien Albert Dauzat : « *Madame la comtesse* est une formule de domestique. L'homme bien élevé dira *comtesse* ou *madame*, suivant qu'il est familier ou non. » (*Le Guide du bon usage*, Delagrave, 1955, p. 103.)

sucre, un *financier* se révèle également un gâteau) : c'est ce qu'Arsène Darmesteter appelait « la vie des mots ». Une vie qui doit beaucoup à la nôtre, sans qu'on en ait conscience. En 1870, Prosper Mérimée écrit à Mme de La Rochejaquelein : « J'ai dîné dans le même restaurant que trois étudiants ayant chacun son *étudiante.* » Un lecteur d'aujourd'hui comprend que six jeunes gens des deux sexes, inscrits à l'université, étaient venus en couple. Ce n'est pas du tout ce dont Mérimée informe son amie. De la fin du XVIIIe siècle (apparition du terme) jusqu'au tournant du XXe siècle, *étudiante* désigne, selon le dictionnaire d'Émile Littré (qui ne connaît pas d'autre sens) une « grisette du Quartier latin ». C'est-à-dire une jeune ouvrière, coquette et facilement courtisable ; c'est la « bonne amie » d'un étudiant, sorte de féminin conjugal de la main gauche. Rappelons que les jeunes filles, jusqu'à la fin du Second Empire, ne sont pas admises dans l'enseignement supérieur. Comme le dit avec un certain cynisme Pierre Larousse, dans son *Grand Dictionnaire universel* : « Le nom d'*étudiante* lui vient de ce qu'elle n'étudie pas et de ce qu'elle empêche surtout l'étudiant d'étudier. » La fonction sociale de l'*étudiante* ? Assurer le repos du guerrier des amphis :

> De même qu'elle n'a qu'une demi-vertu, l'*étudiante* n'a qu'un demi-état, fleuriste, corsetière, poseuse, souvent blanchisseuse, et quelques fois brocheuse ; elle exerce une de ces professions dans la morte-saison des vacances, alors que le Quartier latin est désert. Le temps qu'elle n'emploie pas à travailler – et la marge est élastique –, elle le passe à danser, à grignoter, à chanter, à boire et à fumer dans les caboulots, les crémeries et les brasseries [1].

1. Pierre Larousse, *Grand dictionnaire universel du XIXe siècle*, article « Étudiant », vol. VII, 1870.

Cette petite employée, si elle se distrait, est d'abord la distraction, toute provisoire, d'un jeune bourgeois. Abandonnée, telle la Fantine des *Misérables*, dont l'amant Tholomyès est rentré au pays faire un bon mariage et devenir avoué, l'*étudiante*, grisette ou lorette déchue, peut tomber dans la misère, voire la prostitution. Dans *La Fille Élisa*, les frères Goncourt décrivent des pensionnaires d'une maison close qui « de leur passé d'*étudiantes*, de leur existence à la flamme des punchs, avaient conservé les habitudes d'une vie tapageuse ». Et Ponson du Terrail : « Le naturel hardi, moqueur et cynique de l'ancienne *étudiante* reprit alors le dessus. »

La langue reflète les mœurs. Le français du XIXe siècle reproduisait la position inférieure des jeunes filles, à qui les portes des universités étaient fermées, ainsi que l'exploitation sexuelle des jeunes ouvrières. La signification du mot *étudiante* a changé, dès lors que les femmes furent admises, il est vrai progressivement et difficilement[1], dans l'enseignement supérieur. Les lexicographes en tinrent compte : on lit ainsi, dans la 8e édition (1932-1935) du dictionnaire de l'Académie française : « Étudiant, étudiante, n. Celui, celle qui suit les cours d'une université. Un *étudiant* en droit, en médecine. Il y a beaucoup d'*étudiantes* dans cette université. » Mais on ne sache pas qu'un puriste ait protesté alors, arguant que l'emploi d'*étudiante* était « déjà pris », ni qu'une bachelière s'inscrivant à la faculté ait jugé inconvenant de partager la qualité d'une femme galante. Un changement social de belle ampleur se déversa dans la langue, sans qu'on s'en offusquât, sans

1. Carole Christen-Lécuyer, « Les premières étudiantes de l'université de Paris », *Travail, genre et sociétés*, nº 4, 2000, p. 35-50.

même qu'on s'en avisât. L'évolution sémantique n'était pourtant pas mince : la littérature du XIXe siècle, quand elle évoque une *étudiante*, nous induit en erreur. L'histoire de ce mot doit tout à l'histoire, qui met son empreinte sur le lexique des professions ; c'est vers elle qu'il faut désormais nous tourner.

CHAPITRE 5

Des femmes disparaissent

S'il est vrai que la langue française est favorable au féminin, il n'en va pas de même pour la société qui en use. La morphologie, nous l'avons vu, produit benoîtement des désignations féminines ; reste à savoir quel usage on en fait. Que ces formes soient courantes ou inconnues, admises ou décriées, ne relève pas de la grammaire, qui dans ce domaine comme dans bien d'autres est tributaire du social. Nul n'ignore que la parité est une conquête récente et inachevée ; on peut supposer que ce progrès laborieux ne fut pas sans effet sur le lexique. On se prend alors à considérer la féminisation comme un long combat. L'affaire tiendrait d'une téléologie des Lumières : une lente émergence du féminin professionnel brisant les liens du préjugé, puis trouvant dans la langue contemporaine la place qui lui est due. La féminisation viendrait se ranger au nombre des épiphanies gratifiantes de la modernité.

Ce n'est pas inexact, mais plus compliqué, et d'autant plus digne d'intérêt : la question tient à l'histoire plus solidement qu'on pourrait le penser. Car l'évolution n'est pas linéaire ni la féminisation une nouveauté : on découvre qu'une forme féminine si audacieuse de nos jours était banale il y a plusieurs siècles. La revendication d'une parité lexicale n'est qu'un légitime retour à des pratiques anciennes. En somme, il convient moins aujourd'hui de féminiser la langue que de la *démasculiniser*. Son fonctionnement fut entravé, son cours dévié en faveur du privilège masculin. Nous allons mesurer les effets linguistiques, datés et circonstanciés, d'un pouvoir ascendant des mâles, auquel le purisme n'a cessé de donner la main.

Prophétesse en son pays

Il ne s'agit pas non plus de tomber dans une vision idyllique à laquelle des féministes, dans leur juste courroux, succombent parfois, hypostasiant le bonheur féminin de l'ancienne France ; les historiens ont fait leur travail et dit ce qu'il en était. Du point de vue de la langue, qui est le nôtre ici, force est de constater cependant que, jusqu'au XVIIe siècle, la machine morphologique tournait à plein, et qu'elle ne rencontrait pas d'obstacle. Le français possédait, en miroir du masculin, un lexique des métiers, titres et fonctions occupés par les femmes ; ce lexique était homogène et complet, engendré par un ensemble de suffixes d'une singulière efficacité. Nous devons certes faire la part de la féconde générosité de l'ancienne langue, de sa néologie allègre, de son goût de la suffixation : à l'évidence, les désignations féminines, jusqu'en 1600, bénéficièrent de l'allégresse d'une langue rabelaisienne, comme elles pâtirent plus tard de l'idiome classique. La féminisation tomba, victime, aussi, de l'épuration linguistique qu'effectuèrent les grammairiens du XVIIe siècle. Il n'empêche : nommer au féminin l'occupation d'une femme allait de soi ; la désignation féminine ne connaissait nulle entrave ; et personne n'aurait songé à employer le genre masculin à propos d'une dame. En d'autres termes : la langue française, jusqu'aux années 1600, a joui d'une morphologie professionnelle sans histoire.

On peut s'en rendre compte en consultant des nomenclatures, de deux types. Tout d'abord, les impôts. On dispose, par exemple, du registre de la *taille* parisienne pour l'année 1292 ; ce manuscrit de 78 grands feuillets donne pour chaque paroisse la liste des assujettis : leur nom et le plus souvent leur profession[1]. Précieux pour l'historien, ce registre est une mine pour le linguiste, qui peut y faire moisson de désignations féminines. On relève, ainsi :

> Afeteressse de touèles, aiguillère, archière, blaetière, blastière, bouchère, boursière, boutonnière, brouderesse, cervoisière, chambrière, chandelière, chanevacière, chapelière, coffrière, cordière, cordoanière, courtepointière, couturière, crespinière, cuisinière, escuelière, escuière, estuveresse, estuvière, feronne, foacière, fournière, fromagière, fusicienne, garnisseresse d'espée, gastelière, heaulmière, lainière, lavandière, linière, miresse, marchande, mercière, oublaière, ouvrière, pevrière, portière, potière, poulaillère, regratière, serreurière, tainturière, tapecière, tavernière, etc.

Rien de plus normal, en fait. Le fonctionnement régulier de la langue (grâce aux suffixes *-ière* et *-(er)esse*, principalement) forge un lexique vivace d'occupations féminines ; la *boutonnière*, *l'estuveresse*, la *feronne* sont les aïeules de la *pompière*, de *l'enduiseuse*, de la *compagnonne* dont Maurice Druon se gaussait indûment. La consultation des registres pour 1296, 1297, 1313 vient compléter ce vocabulaire étonnamment varié, qui dépeint une population

1. Il a été édité par Hercule Géraud, *Paris sous Philippe le Bel*, Crapelet, 1837, p. 1-179.

féminine œuvrant dans le Paris du Moyen Âge. Quel travail, toutefois ? Nous avons parlé d'« occupations » féminines, car il est délicat, parfois, en l'absence de contexte (« Marguerite, la *regratière* »), de savoir si le terme désigne l'épouse de celui qui tient profession de *regratier*, ou celle qui pratique effectivement cette activité. Il s'agit certainement de l'épouse pour la *miresse*, femme du *mire* (« médecin »), et sans doute également pour la *cordoanière*, la *feronne* (« forgeronne »), la *serreurière*, etc. Mais ce n'est pas sûr, tant la Parisienne du XIIIe siècle semble active, à l'atelier et dans la boutique, et prendre part au travail commun : dans ces registres, la désignation féminine n'est jamais un titre honorifique ; c'est un couple qui exerce la profession, conjointement[1]. Ce qui nous conduit à une seconde remarque. L'aristocratie, le clergé et même les riches bourgeois étant dispensés de la taille, ces registres énumèrent les « menues gens » et leur gagne-pain : ils mettent au jour un abondant lexique de métiers médiévaux, féminisé avec système mais essentiellement populaire. Or nous avons compris que ce sont les professions supérieures qui intéressent les puristes, lesquels leur réservent le genre « noble ». Qu'en est-il un peu plus haut dans l'échelle sociale ?

Un second type de nomenclature, plus familier du linguiste, nous fournira l'éclairage requis : celui du dictionnaire. Le volumineux *Dictionnaire du moyen français* (*DMF*, du laboratoire Atilf du CNRS), consultable en ligne, est des plus utiles. Il confirme l'aisance avec laquelle l'ancienne langue (en l'occurrence de 1330 à 1500) féminisait toute activité exercée par une femme, en dehors même

1. Simone Roux, « Les femmes dans les métiers parisiens : XIIIe-XVe siècles », *Clio. Histoire, femmes et sociétés*, no 3, 1996, p. 1-14.

d'une profession. Dépouillant la lettre A, Anne Dister et Marie-Louise Moreau[1] ont notamment relevé :

> *Abuseresse*, « femme qui trompe en abusant de la crédulité ».
> *Accuseresse*, « celle qui porte une accusation ».
> *Actoresse*, « celle qui intente une action en justice ».
> *Adevineresse*, « celle qui révèle l'avenir ».
> *Aideresse*, « celle qui aide ».
> *Ambassadresse*, « celle qui est chargée d'un message ».
> *Argüeresse*, « ergoteuse ».
> *Avouteresse*, « femme adultère ».

Ces termes rejoignent les *bailleresse*, *défenderesse*, *demanderesse*, *venderesse* toujours en usage dans la langue juridique. Ils montrent au passage que les suffixes *-esse* et *-eresse*, nullement péjoratifs, sont au cœur de la féminisation médiévale et renaissante, qui empreint toute la langue, et pas seulement le lexique des petits métiers. Passons maintenant aux professions valorisées.

Le domaine religieux est éclairant. Et d'une simplicité biblique : l'ensemble des fonctions exercées par des femmes au sein de l'Église, qu'elles fussent subalternes ou éminentes, recevait au Moyen Âge une désignation féminine. Sans exception : on ne relève aucun emploi du masculin (au sujet d'une femme) dans un vaste lexique qui manifeste avec aisance une habitude naturelle à féminiser. Nous avons déjà croisé les *prieure* et *supérieure*, auxquelles l'actuel suffixe néologique *-eure* doit beaucoup ; il convient d'y ajouter l'*abbesse*, la *clergesse* ou *clergeresse* (« religieuse »), la *moinesse*, la *boursière* (qui tient la bourse du couvent), la *tourière* (chargée des relations extérieures), l'*ostelière* (qui reçoit et loge les étrangers), etc. Et, sur un

1. *Op. cit.*, p. 3.

mode ironique, la *papesse*… La tendance a perduré, l'Église constituant (ce que les puristes devraient méditer) un bon exemple de parité lexicale. À l'article « Général », le dictionnaire d'Émile Littré relève cette acception : « Supérieur de tout un ordre religieux ». Littré ajoute que l'on rencontre *générale* « en parlant de la supérieure de certaines congrégations ». Cette *générale* n'est certes pas l'épouse du supérieur (un féminin matrimonial pour une… moniale serait, en l'occurrence, déplacé), mais une femme exerçant pleinement une responsabilité analogue : elle reçoit une désignation féminine. Il en est de même si l'on considère un autre domaine de prestige, la noblesse :

> La *royne* au devant du roy vint […], accompagnée de nobles dames ; là estoit la *duchece* d'Orliens, fille de roy de France, la *duchece* de Bourbon, mere de la *royne*, la *contesse* d'Artois, la fille du duc de Berry, la fille du seigneur de Coucy, la dame de Preaulx et plusieurs autres *contesses, baneresses*, dames et damoiselles à très grant quantité [1].

Toutes ces *princesses*, dans un frou-frou de robes et de suffixes, donnent du lustre et de la légitimité à la désignation féminine des fonctions et des titres. Qu'il s'agisse de fonctions réellement exercées est rare, en l'occurrence, mais possible. La première édition (1694) du dictionnaire de l'Académie française donne cette définition du mot *reyne* : « Femme de roy ou princesse possédant un royaume de son chef ». La seconde acception ne se rencontre pas en France (à cause de la loi salique), mais l'Académie la relève, et donc la valide ; de fait, il était (et il est toujours) dans d'autres pays des femmes exerçant la royauté. En

1. Christine de Pizan, *Livre des faits et bonnes meurs du sage roy Charles V*, éd. S. Solente, Honoré Champion, 1936, t. II, p. 122-123.

France, cet exercice ne peut être que transitoire (durant la minorité du souverain, par exemple) mais il est bien réel : celle qui en est chargée gouverne. A-t-on noté que l'ancienne langue désignait cette fonction au féminin ? Catherine de Médicis, Marie de Médicis, Anne d'Autriche notamment, enfreignirent la règle du « neutre », que Claude Lévi-Strauss et Georges Dumézil enseignèrent avec une docte sévérité, et qui s'applique singulièrement aux plus hautes fonctions : elles furent *régentes* de France, et non pas *régents.* Que la *reyne*, toutefois, soit d'abord la « femme du roy » montre que ce lexique politico-nobiliaire constitue le creuset de ce que nous avons nommé le *féminin conjugal.* Au rebours de petits métiers de la taille, où la femme fait couple dans le partage du travail, ces titres, majoritairement, ne désignent pas une activité, mais un rang. Le plus souvent une femme les acquiert par le mariage : ainsi, la *duchesse* d'Orléans est l'épouse du *duc* d'Orléans, titre donné au premier fils cadet du roi de France. Un féminin « qualité d'épouse de » y prend racine ; généralisé à partir du XVIIe siècle, il est à l'origine des *ambassadrice*, *préfète*, *présidente*, etc. que nous aurons l'occasion de commenter. Mais rappelons-nous que, dans l'ancienne société, tant pour l'Église que pour la cour, le féminin désignant des femmes allait de soi, et surtout que le masculin était inconnu de l'usage, y compris dans l'énoncé des fonctions les plus prestigieuses.

« Et sans parler de l'insupportable *écrivaine* »

Il est une activité qui a le don de déclencher la foudre, la morgue ou le sarcasme des puristes. C'est par excellence l'occupation supérieure, réservée aux mâles, dont le club fermé, quai de Conti, s'ouvrit à quelques dames à la condition qu'elles acceptassent d'être *écrivain*, *romancier* ou *historien* : l'écriture. Qu'une femme saisisse la plume et une désignation féminine dépasse l'entendement et la tolérance de ses confrères masculins, suscitant un feu nourri d'aigres réprobations, rarement indemnes de misogynie : Jules Renard (voir l'épigraphe de ce livre), Maurice Druon, Jean Dutourd, Frédéric Beigbeder[1], etc., et tout récemment Alain Finkielkraut, s'y illustrèrent[2]. Les formes *écrivaine*, *autrice*, *poétesse*, etc., dont ces messieurs s'étranglent, seraient-elles d'impudents barbarismes ? Furent-elles enfantées par la néologie inouïe d'une fureur utérine piétinant les traditions ? L'état de la langue, aux XIIIe-XVIe siècles, montre qu'au contraire ces formes existaient, et qu'elles qualifiaient des femmes sans les dévaloriser. La perspective historique, dans ce domaine par excellence de la primauté masculine, tourne à la confusion du purisme, si du moins ce dernier savait se montrer confus.

Nous sommes certes dans une situation classique de désignations féminines bien formées en quête d'emploi : les femmes auteurs, à cette époque, ne sont pas légion. Mais il est peu d'auteurs, également : le concept est moderne. Un *écrivain*, au Moyen Âge, est d'abord un technicien de l'écrit : c'est un copiste, un scribe, un secrétaire ; les *escripvains* des registres de la taille sont des écrivains publics. Ont-ils un correspondant féminin ? Frédéric Godefroy (*Dic-*

1. « Je ne supporte pas les *écrivaines*, c'est physique. J'attrape une éruption cutanée dès que je lis ce terme immonde », *in* « Mon premier article réac », *Lire*, février 2005.

2. « *Autrice* ? Horrible ! Une craie qui crisse sur un tableau noir », *in* « Écriture inclusive : malaise à l'Académie française », *Le Monde*, 13 décembre 2017. Comment le mythe de Jules Ferry est appelé au secours du machisme…

tionnaire de l'ancienne langue française) a relevé une *Jehanne l'escripvaine* dans une pièce d'archive datée de 1396. L'acception « auteur d'une œuvre » n'est pas inconnue ; le *Dictionnaire du moyen français* en donne cet exemple délicieux, qui fait rimer *escripvain* avec *vain* (tiens donc !) et en fustige la misogynie (déjà !) :

Qui est cilz escripvains
Qui a escript tant de mos vains
Des femmes et tant de laidure[1] ?

Une telle signification est attestée au sujet d'une femme. Les mânes de l'auteur des *Rois maudits* devront admettre qu'à l'époque de ces rois une femme pouvait composer, et qu'elle était *écrivaine* ; le *DMF* donne cet exemple :

Je suis mauvaise *escripvaine*, comme vous pouez veoir par ceste lettre, laquelle vouldroye bien qu'elle vous peust porter beaucoup plus de plaisir qu'elle ne vous fera[2].

Il est au Moyen Âge, à la Renaissance un vocabulaire de la femme de lettres, attesté chez des écrivaines comme Christine de Pizan, mais aussi sous la plume d'écrivains (Martin Le Franc) sans trace d'ironie. En relève, notamment[3], *clergesse* (substantif et adjectif) :

Et pour ce qu'elle n'est *clergesse*
Pour les livres lire et entendre

1. Eustache Deschamps, *Le Miroir de mariage*, 1381.
2. Louis de Beauvau, *Le Roman de Troyes*, 1455.
3. Nous remercions Jacqueline Cerquiglini-Toulet. Sur la sensibilité de cette auteure à la langue, voir Rosalind Brown-Grant, « Christine de Pizan : feminist linguist *avant la lettre ?* », *in* John Campbell et Nadia Margoli, *Christine de Pizan 2000,* Rodopi, 2000, p. 65-76.

Lui vueil je ici les raisons rendre[1]

Le terme désigne, selon le *DMF*, une « femme savante, lettrée, experte » ; il atteste, sinon l'ampleur, du moins la paisible réalité sociale de cette littéracité féminine. La critique des « femmes savantes » viendra plus tard ; elle sera féroce. Pour l'instant, en être l'époux est une chance :

> Il ot espousee une grant dame sage a merveillez, bien lettree et bonne *clergesse*[2].

De façon générale, la contribution des dames aux œuvres de l'esprit se traduit par un lexique féminin de la création littéraire, esthétique ou morale qui n'est pas sans intérêt. On y relève *troveresse* (« celle qui *trouve*, qui crée », pour le *DMF*) ; traduisant le latin *inventrix*, ce terme est le féminin de *trovère* (« celui qui *trouve* », qui use de *tropes*, c'est-à-dire compose). On use également d'*inventeresse* :

> Celes qui en furent les sages doctoresses et premieres *inventeresses*[3].

Cette suffixation florissante est la preuve d'un accès féminin à la culture et à l'écrit.

Que les choses se soient gâtées ensuite, l'histoire du mot *autrice* le montre à merveille. Aurore Evain en a rapporté l'éloquente histoire[4]. Calqué sur le latin *auctrix*, le

1. Christine de Pizan, *Le Livre du chemin de long estude*, 1402.
2. Jean de Wavrin, *Cronique*, 1471.
3. Fouquart de Cambray, Duval Antoine et Jean d'Arras, *Les Évangiles des quenouilles*, Colart Mansion, 1480.
4. Aurore Evain, « Histoire d'*autrice* de l'époque latine à nos jours », *Semeion*, n° 6, 2008, p. 53-62. Voir l'étude parallèle consacrée à *poé-*

terme *autrice* est correctement formé : on voit mal ce qui le distinguerait d'*actrice* (latin *actrix*), d'*amatrice* (latin *amatrix*), etc. Il est le féminin régulier d'*auteur* et en partage la signification. Tout d'abord « celui qui est la cause ou le responsable de quelque chose » : *autrice* se dit notamment d'une déesse protectrice du genre humain, puis d'une femme politique. Pour Brantôme (cité par le dictionnaire de Godefroy), Catherine de Médicis n'était pas la « première *autrice* » du massacre de 1572. Ensuite « personne qui compose un ouvrage écrit » : *autrice* entre dans le champ de la production littéraire. Dans cet exemple que fournit le *DMF*, la mémoire est présentée comme coauteure d'une œuvre :

> Et, sur ce point, fera l'Acteur fin aux ditz de sa prose et donnera lieu à la très prudente et saige *actrixe* bonne Memoire, sa coadjuteure, pour retourner au paracompliment de l'exploracion, où ledit Acteur, guydé et conduyt par la susdicte *actrixe*, veult, selon son petit sens et povoir, fournir et satisfaire à l'enjoinct de la prealeguée deesse fameuse Renommée [1].

À la Renaissance, le terme est d'usage non polémique. C'est au siècle suivant que commence le tir de barrage masculin contre un terme qui devient odieux, une sorte de loi salique régissant désormais le domaine de l'esprit. Les hommes s'attribuent la gouvernance du champ littéraire, en reformatent le lexique. Jean Chapelain, Jean-Louis Guez de Balzac, Gilles Ménage passent au crible le vocabulaire féminin du métier d'écrire, retiennent peu de mots

---

tesse d'Anne Debrosse, « Le mot *poétesse* dans les dictionnaires, ou la tentation de l'épicène (XVIe-XVIIe siècles) », *Réforme, Humanisme, Renaissance*, n° 78, 2014, p. 7-29.

1. Guillaume Lesueur, *Histoire de Gaston IV, comte de Foix*, 1477.

(*poétesse*, non sans défaveur), excluent radicalement *autrice*. Pour l'Académie française, depuis 1694 et sans discontinuer, le féminin d'*auteur* est *auteur* ; le mot est épicène, la cause entendue.

Et cette cause est remarquable. Dans le prolongement des articles que nous avons cités, un ouvrage entier pourrait narrer les vicissitudes lexicales des femmes vouées à la pensée et à l'écriture. La morphologie féminine passe au côté des militantes (de Marie de Gournay à Benoîte Groult), séduit les lexicologues courageux (mais désarmés), révulse les puristes. Au XVIIIe siècle, la dénomination *autrice* est défendue par Nicolas Restif de La Bretonne et Louis-Sébastien Mercier. Ce dernier, qui approuve également *amatrice*, cite cette significative réflexion de Simon-Nicolas Linguet :

> Si l'on ne dit pas une femme *autrice*, c'est qu'une femme qui fait un livre est une femme extraordinaire ; mais il est dans l'ordre qu'une femme aime les spectacles, la poésie, etc.[1].

Linguet acceptera donc *amatrice*[2] ; sa bienveillance a toutefois pour limite un ordre naturel qui rend impensable qu'une femme écrive. Il est dans la « nature des choses » que le masculin prime ; c'est ce que répètent tous les conservateurs en matière de langue. Ainsi Sylvain Maréchal, par ailleurs révolutionnaire et babouviste, ce qui ne contrarie pas sa misogynie, dispose à l'article 4 de son *Projet de loi portant défense d'apprendre à lire aux femmes* :

1. Louis-Sébastien Mercier, *Néologie*, *op. cit.*, p. 55.

2. *Amatrice* : mot (correctement) copié au XVIe siècle sur le latin *amatrix*, condamné par les puristes depuis le XVIIe siècle, toujours absent du dictionnaire de l'Académie française, admis par tous les dictionnaires usuels.

> La raison ne veut pas, plus que la langue française, qu'une femme soit *auteur*. Ce titre, sous toutes ses acceptions, est le propre de l'homme seul[1].

La muse ne concurrencera pas son poète. Les choses sont encore plus tranchées au XIXe siècle. Malgré le visa donné à *autrice* par un des meilleurs connaisseurs de la langue :

> Pourquoi cette réserve, cette peur d'user des forces linguistiques ? Nous avons fait *actrice*, *cantatrice*, *bienfaitrice*, et nous reculons devant *autrice* ? [...] Autant avouer que nous ne savons plus nous servir de notre langue[2].

La réprobation est générale, confortée par le mépris des écrivains (Nodier, Balzac, Barbey) pour les *bas-bleus*, justifiée par l'autorité académique. Claudie Baudino raconte la tentative de la romancière Marie-Louise Gagneur, interpellant l'Académie française, en 1891, alors que cette dernière examinait le mot *auteur*[3]. Dans une tribune au *Figaro*, elle proposait aux académiciens de s'attacher à la féminisation

> d'un certain nombre de mots restés jusqu'à présent masculins, tels que : *auteur*, *écrivain*, *orateur*, *administrateur*, *sculpteur*, *partisan*, *témoin*, *confrère*, et jusqu'à *sauveur*[4] [...].

1. Cité par Geneviève Fraisse, *La Muse de la raison. Démocratie et exclusion des femmes en France*, « Folio », Gallimard, 1995, p. 35.
2. Remy de Gourmont, *Esthétique de la langue française*, éd. Emmanuelle Kaës, Garnier, 2016, p. 152.
3. Claudie Baudino, *Politique de la langue et différence sexuelle*, *op. cit.*, p. 37 et suivantes.
4. Marie-Louise Gagneur, « À M. Jules Claretie, chancelier de l'Académie française », *Le Figaro*, 23 juillet 1891.

La Compagnie garda un pieux silence, mais autorisa deux de ses membres à répondre dans la presse, Charles de Mazade et Charles Leconte de Lisle[1]. La position du poète se voulut conciliante ; il acceptait une féminisation par les déterminants, « pour qu'on dise *une* professeur, *une* écrivain, comme on dit *une* enfant » (on appréciera le rapprochement), tolérait *doctoresse* (usité en province) ; il rangeait en revanche *autrice* et *auteuse*[2] au nombre des féminins qui « déchirent absolument les oreilles ». De nos jours, la messe est dite ; elle célèbre les obsèques d'*autrice*. *Le Petit Robert* qui, sous l'impulsion évidente de Josette Rey-Debove, donne :

AUTEUR, n. m., rare AUTRICE, n. f.

est bien seul. Le *Petit Larousse* choisit :

AUTEUR, E, n.

(c'est-à-dire le féminin *auteure*), ce qui est très bien, étant donné que le dictionnaire de l'Académie française (9e édition, en cours) s'en tient à :

AUTEUR, n. m.

1. Charles de Mazade et Charles Leconte de Lisle, « Masculin et féminin. Une question posée à l'Académie française », *Le Matin*, 26 juillet 1891.

2. Habituel amalgame venimeux. « Doit-on dire *autrice* ou *auteuse* ? » avait demandé perfidement *Le Matin*. Jusqu'en 1891, *auteuse* n'est attesté qu'une fois : chez le néologue Restif de La Bretonne. Au XIXe siècle, on relève *autoresse*, qui est un anglicisme.

On lit toutefois, sans explication ni commentaire, parmi les exemples de son copieux article :

> Elle fut l'*auteur* de sa propre ruine [...]. Elle est l'*auteur* d'un excellent roman [...]. Une femme *auteur* [...].

Le combat actuel des militantes en faveur d'*autrice* est sympathique ; il s'autorise de l'histoire de la langue, de Mercier, de Gourmont, du *Robert* : son succès est improbable. Nous-même, sans pavoiser, avons opté pour *auteure*. La norme androcentriste est parvenue à éradiquer un terme bien formé, longtemps en usage, gratifiant, indice d'un statut de la femme de lettres. Le purisme n'est pas seulement ignorant et sot ; il est parfois dangereux.

Le règne du masculin

Nous nous sommes attardé sur *écrivaine*, *autrice*, etc., jugeant ces termes révélateurs. Ils concentrent, tout d'abord, le mépris masculin. Les choses de l'esprit étant par excellence du domaine du mâle, toute femme se mêlant des lettres ne fait que singer : femmes savantes, bas-bleus, précieuses, etc., sont des caricatures[1]. Une femme qui ose échapper à sa condition adopte une conduite simiesque. Le thème court la littérature ; il se veut parfois bienveillant, la femme étant glorifiée de rester parfaitement féminine :

1. « Nous avons connu [...] la poëtesse républicaine, la poëtesse de l'avenir, fouriériste ou saint-simonienne ; et nos yeux, amoureux du beau, n'ont jamais pu s'accoutumer [...] à tous ces sacrilèges, pastiches de l'esprit mâle », Charles Baudelaire, *L'Art romantique* (à propos de Marceline Desbordes-Valmore).

> En un mot, la femme ne peut être supérieure que comme femme ; mais, dès qu'elle veut émuler l'homme, ce n'est qu'un singe[1].

Cette accusation de contrefaire les hommes est sans doute confortée par la morphologie lexicale. On considère traditionnellement (et nous n'y avons pas manqué) que le féminin dérive par suffixation du masculin. Il faudra sans doute revoir cette analyse, et dériver *les deux genres* d'une même base : *chanteur*, tout comme *chanteuse*, de *chanter* ; *sénateur*, comme *sénatrice*, de *sénat*. On en voit l'avantage : le féminin, dès lors, n'est plus le prolongement suffixal du masculin, sa « côte d'Adam » morphologique, l'accoutrement risible dont une pédante se pare. Nous touchons du doigt la péjoration du suffixe *-esse* : *poétesse*, *peintresse*, etc. exhibent leur protubérance simiesque[2]. Au regard des hommes, la féminisation tient essentiellement de l'adjonction ridicule ; elle est faux nez, faux sexe, perruque et postiches.

Écrivaine, *autrice* racontent ensuite l'histoire des femmes, progressivement exclues de professions que les hommes désormais se réservent. La recherche historique a montré leur lente marginalisation, puis leur exclusion d'une grande partie des fonctions sociales, que parachève le

1. Joseph de Maistre, *Lettre à sa fille Constance*, 1808 ; cité par Geneviève Fraisse, *op. cit.*, p. 236.

2. Ce qui échauffe la bile misogyne, même du paisible académicien Jean Guitton : « Désormais les professions féminines seront réhabilitées. Et l'on entendra dire, comme au temps des *Précieuses ridicules* : madame la chirurgienne, madame la rectoresse, mademoiselle l'ingénieuresse, etc. Périlleux avantage », *in* « Le masculin et le féminin », *Le Figaro*, 10 septembre 1984.

« paradoxe démocratique » analysé par Geneviève Fraisse : le progrès républicain passe par l'interdit des femmes[1]. La société postrévolutionnaire consomme la réduction des femmes au domaine privé ; les hommes ont pour mission d'œuvrer au bien public. Force est de constater que l'histoire de la langue valide ces travaux : l'emploi des termes désignant des activités féminines dessine une courbe qui ne laisse aucun doute sur la dépossession dont les femmes furent victimes. Notons que celle-ci, clairement visible dans le lexique, s'observe également en matière de grammaire : les prescripteurs, à partir du XVIIe siècle, privilégièrent le genre masculin dans les cas où l'ancienne langue se montrait libre et tolérante. Le travail de « mise aux normes » de la langue, s'il ne fut pas sans vertu (il façonna un idiome rigoureux), s'accompagna d'un androcentrisme souvent fâcheux[2]. « Donner des règles certaines à notre langue », pour citer les statuts de l'Académie française (1635), est une chose, et même une bonne chose, mais il n'était point indispensable que les prescripteurs, tous des mâles, eussent un tel tropisme envers leur genre[3]. Une masculinisation délibérée de la langue commence à l'époque classique : son progrès est lent, car elle n'est pas naturelle ; elle sera achevée, au XIXe siècle, par la grammaire scolaire, qui requiert

1. Geneviève Fraisse, *La Muse de la raison*, *op. cit.*, notamment p. 176-227. Voir également *Les Deux gouvernements : la famille et la cité*, Gallimard, 2001.

2. La question dans son ensemble a été étudiée par Éliane Viennot, *Non, le masculin de l'emporte pas sur le féminin !*, iXe, 2014, p. 65-82.

3. Corrélativement, le féminin rejoint le style bas, burlesque ou farcesque. On connaît ces vers innocents de la fable « La Cigale et la Fourmi » : « Que faisiez-vous au temps chaud ? / Dit-elle à cette *emprunteuse*. » Dans son *Dictionnaire françois* (1680), César-Pierre Richelet relève le mot : « Il signifie "celle qui emprunte", mais ne se dit qu'en riant et dans le burlesque. »

une norme indiscutable, car elle doit sanctionner ; l'imposition aveugle du masculin lui convient. Le cas de l'accord de l'adjectif avec des substantifs de genres différents est bien connu. L'ancienne langue s'en tirait en pratiquant l'accord (en genre comme en nombre) avec le substantif le plus proche. Une telle liberté ne convient plus aux grammairiens du XVIIe siècle, qui choisissent une autre option : tenter d'imposer dans ce cas le masculin. Le premier, François de Malherbe, dans ses commentaires du poète Philippe Desportes, récuse les vers suivants :

> Filets d'or, chers liens de mes affections,
> Et vous, beautez du Ciel, graces, perfections,
> Helas ! pour tout jamais me serez-vous cachees ?

Il note : « Il faut *cachés,* vu que cela se réfère à *filets d'or*, etc.[1] .» À sa suite, Claude Favre de Vaugelas, dans ses *Remarques sur la langue françoise*, s'il ne condamne pas totalement l'ancien usage, pour des raisons euphoniques (il accepte « Ce peuple a le cœur et la bouche *ouverte* à vos louanges », parce que « l'oreille y est toute accoutumée »), note en général « que le genre masculin estant le plus noble, doit predominer toutes les fois que le masculin et le feminin se trouvent ensemble[2] ». Ses successeurs, notamment Dominique Bouhours[3], n'auront pas

1. Cité par Ferdinand Brunot, *La Doctrine de Malherbe*, Masson, 1891, p. 366.

2. Claude Favre de Vaugelas, *Remarques sur la langue françoise*, éd. Zygmund Marzys, Droz, 2009, p. 256.

3. « L'adjectif prend le genre masculin comme le plus noble, quoyqu'il soit plus proche du féminin : c'est un sentïment et une veüe qui ne sont pas moins *forts* », Dominique Bouhours, *Doutes sur la langue françoise*, Mabre-Cramoisy, 1674, p. 131.

ces hésitations, et imposeront le masculin ; on peut lire dans Girault-Duvivier les progrès de la règle, devenue canonique dans sa formulation belliqueuse : « le masculin l'emporte[1] ». Un autre exemple, moins connu, est très éclairant. Pour reprendre un adjectif, l'ancienne langue usait d'un pronom personnel du même genre que cet adjectif ; une dame disait : « Heureuse ? Je *la* suis. » Vaugelas interdit cette pratique, réputée à la fois féminine et fautive :

> C'est une faute que font presque toutes les femmes, et de Paris et de la cour. Par exemple, je dis à une femme, *quand je suis malade, j'ayme à voir compagnie*. Elle me respond, *et moy, quand je la suis, je suis bien aise de ne voir personne.* Je dis que c'est une faute de dire, *quand je la suis*, et qu'il faut dire, *quand je le suis*[2].

Ses successeurs[3] y verront en effet, comme lui, un pronom neutre, renvoyant à la notion ; ils imposeront dans les faits un pronom masculin. Cette nouvelle norme était artificielle : on constate en effet que le pronom en question (je *la* suis) renvoie concrètement à un adjectif, élément essentiellement variable et toujours accordé (*heureuse*). La conservation du genre par le pronom est toute naturelle ; l'ancienne langue s'y conformait : *heureuse*, je *la* suis. L'artificialité de la nouvelle règle se montre par la lenteur

1. Charles-Pierre Girault-Duvivier, *Grammaire des grammaires, ou analyse raisonnée des meilleurs traités sur la langue françoise*, Le Normant, 1812, t. I, p. 462.
2. Claude Favre de Vaugelas, *Remarques sur la langue françoise*, *op. cit.*, p. 157.
3. Charles-Pierre Girault-Duvivier, *Grammaire des grammaires, ou analyse raisonnée des meilleurs traités sur la langue françoise*, *op. cit.*, t. I, p. 204.

qu'elle mit à se diffuser, l'ancien usage se relevant encore au XVIIIe siècle :

> J'étais née, moi, pour être sage, et je *la* suis devenue[1].

On en a pour preuve une anecdote plaisante racontée par Gilles Ménage ; elle montre qu'une locutrice avisée ne s'y était pas trompée :

> Madame de Sévigné s'informant de ma santé, je lui dis : Madame, *je suis enrhumée. Je la suis aussi*, me dit-elle. Il me semble, madame, que selon les regles de nostre langue, il faudroit dire : *Je le suis*. Vous direz comme il vous plaira, ajoûta-t-elle, mais pour moy je croirois avoir de la barbe si je disois autrement[2].

La masculinisation de la langue s'est accompagnée d'une réaffectation du genre féminin dans la dépendance du masculin. À partir du XVIIe siècle, les fonctions qui se ferment aux femmes et les nombreuses professions nouvelles auxquelles elles n'ont pas accès voient la généralisation du féminin conjugal : le terme féminin (dont les puristes, notons-le au passage, ne dénoncent jamais alors la mauvaise formation) désigne désormais l'épouse de celui qui exerce le métier ou la fonction. Le phénomène est ample et rapide car, il convient de le reconnaître, il est naturel. Il systématise une pratique ancienne : depuis longtemps la *boulangère* est la femme du *boulanger*[3] ; on connaît l'usage rural de fémi-

1. Beaumarchais, *Le Mariage de Figaro*, III, 16.
2. Cité par Ferdinand Brunot, *Histoire de la langue française*, Armand Colin, 1924, t. IV, p. 891.
3. Voir cette plaisanterie que Diderot met dans la bouche d'un *exempt*, officier de police procédant à l'arrestation d'un amant surpris au lit : « Vous mentez, vous êtes le pâtissier, car le pâtissier est celui qui couche

niser les prénoms et patronymes : « On l'appelait la *Germaine* à cause de feu Germain, son mari » (Flaubert, *Bouvard et Pécuchet*). Il s'appuie sur l'habitude aristocratique de partager la dignité dans le couple : la *comtesse* est l'épouse du *comte*. Il s'agit certes de dignité, et cette pratique linguistico-mondaine ne devrait guère s'étendre. Dans *Tartuffe*, Dorine offre d'ironiques conseils à Marianne, promise à l'hypocrite intrigant et à une vie médiocrement provinciale :

> D'abord chez le beau Monde on vous fera venir.
> Vous irez visiter, pour votre bienvenue,
> Madame la *Baillive*, et Madame l'*Élue*.
> (Acte II, scène 3)

Les épouses de ces notables locaux, officiers royaux chargés de la justice et des impôts, ne pouvaient prétendre au féminin d'épouse : Dorine se moque. Une large extension est toutefois acquise au XVIIIe siècle : *baillive* devient une appellation courante, relevée par les dictionnaires. Cette tendance prend toute sa force dès lors que, dans la société issue de la Révolution, les rôles sont clairement distribués. La femme est restreinte à l'alcôve, au foyer, au salon : épouse et mère, muse, compagne ; jusqu'à la fin du XIXe siècle, et encore durant une grande partie du XXe siècle, un féminin matrimonial règne en maître, c'est le cas de le dire. *Colonelle*, *consulesse* (que détestait Joséphine de Beauharnais), *générale*, *maréchale*, *notairesse*, *pharmacienne*, *préfète*, *présidente*, *sous-préfète* et par extension *étudiante* (maîtresse d'un étudiant), *lieutenante*, *sénatrice*,

---

avec la pâtissière. Levez-vous, habillez-vous et suivez-moi » (*Jacques le Fataliste et son maître*, 1778).

etc. La conjugalisation du féminin est en marche et rien ne l'arrête : nous avons relevé *adjudante*, « femme de l'adjudant » chez les frères Goncourt (*Manette Salomon*, 1867), plus tard *jugesse*, « épouse d'un juge d'instruction » chez Alphonse Boudard (*Les Combattants du petit bonheur*, 1977). Les prudences qu'avait le XVIIe siècle ont cédé la place à une apothéose bourgeoise du féminin professionnel par alliance, consécutive à la minorité sociale de la femme. Le féminin matrimonial est une remarquable image linguistique du statut de la femme, cantonnée à la sphère privée et à ses activités domestiques (éducation des enfants, soins du ménage), n'accédant au domaine public (masculin) que via son mari ; la disparition actuelle de ce féminin spécifique est également caractéristique. On voit donc ce que signifie la volonté puriste de le maintenir.

L'emploi du mot *ambassadrice* dans l'histoire de la littérature française est révélateur[1]. Si l'on rencontre au XVIIIe siècle (Saint-Simon, Voltaire, etc.) quelques emplois du terme au sens de « femme chargée d'une mission, d'un message, voire d'une responsabilité diplomatique » :

> Je m'arrête devant la tombe de la maréchale de Guébriant, la seule femme qui ait eu de son chef la qualité d'*ambassadrice*[2],

le mot prend rapidement la seule acception « épouse d'un ambassadeur », attestée dès le XVIIe siècle (ainsi « la petite

1. Nous remercions le laboratoire Atilf du CNRS pour l'accès à sa base Frantext.

2. Louis-Sébastien Mercier, *Tableau de Paris*, *op. cit.* De fait, en 1645, la comtesse Renée de Guébriant accomplit une ambassade extraordinaire pour Louis XIV en Pologne, ce qui fait d'elle la première femme chargée d'une telle fonction. Dans les documents officiels, elle était appelée *ambassadrice*.

ambassadrice » qui fréquente la marquise de Sévigné). Il devient un titre, pour ne pas dire une fonction : *ambassadrice* de France, d'Angleterre, du Danemark. Les écrivains du XIXe siècle ne connaissent que cet emploi (plus de deux cents exemples ; notons chez George Sand une « *ambassadrice* de la main gauche »). Au XXe siècle, le terme, ce n'est pas une surprise, abonde chez Marcel Proust, qui ouvre une lignée de grands utilisateurs ; elle comprend, on ne s'en étonnera guère non plus : Marguerite Duras, Marguerite Yourcenar[1], Jean d'Ormesson, Hector Bianciotti et… Marc Levy. C'est devenu un usage mondain ; on comprend que l'Académie française l'affectionne[2]. Parallèlement l'emploi ancien, désignant une diplomate, réapparaît, d'abord chez André Malraux, ce qui n'est pas déplaisant :

> Les relations entre l'Inde et la France allaient changer. Mme Pandit, la sœur de Nehru, *ambassadrice* à Londres,

1. Cet exemple intéressant : « Mais, le lendemain, Laure, l'*ambassadrice*, ou plutôt la femme du ministre de Belgique en Perse, les petits pays d'avant-guerre n'abusant pas encore du titre d'ambassadeur », *Le Labyrinthe du monde – Quoi ? L'Éternité*, III, 1988.

2. À ce propos, on lira avec intérêt les définitions successives du mot fournies par le dictionnaire académique. Première édition (1694) : « Dame envoyée en ambassade. *Une telle Dame fut envoyée Ambassadrice en Pologne*. On appelle aussi *Ambassadrice* la femme d'un Ambassadeur. » Quatrième édition (1762) : « La femme d'un Ambassadeur. Il s'est dit aussi autrefois d'une Dame qui avoit été envoyée en Ambassade avec le titre d'*Ambassadrice.* » Huitième édition (1932-1935) : « Femme d'un ambassadeur. *Madame l'ambassadrice.* Il se dit aussi, figurément et familièrement, d'une femme chargée de quelque message. *Vous m'avez envoyé une charmante ambassadrice.* » Neuvième édition (en cours de publication) : « Femme d'un ambassadeur. *Madame l'ambassadrice vous prie à dîner mardi. L'ambassadeur et l'ambassadrice sont attendus.* Par anal. Femme chargée d'une mission, d'un message, etc., pour un particulier. *Vous m'avez envoyé une charmante ambassadrice.* »

rentrait aux Indes par Paris. Elle vint à l'Élysée, accompagnée de l'ambassadeur de l'Inde en France, le serdar Pannikar. [...] L'*ambassadrice* aux yeux clairs ressemblait aux héroïnes des contes indiens [1].

C'est l'usage qu'en font, aujourd'hui, les jeunes écrivaines :

En une demi-heure, il en sait déjà beaucoup sur elle. Vingt-trois ans, étudiante à Sciences-Po, elle veut devenir *ambassadrice* [2].

La boucle est ainsi bouclée ; ce n'est pas trop tôt.

« Ouvrage de dames »

Mais ce ne fut pas sans mal. Au XIXe siècle, l'enseignement supérieur est réservé aux hommes ; la langue le reflète, les dictionnaires en témoignent. Ainsi, la 7e édition (1878) du dictionnaire de l'Académie française ne connaît que les formes masculines de ces professions qui exigent un diplôme (obtenu, rappelons-le, grâce aux distractions procurées par les *étudiantes*) :

Archéologue, archiviste, astronome, avocat, biologiste, chimiste, géomètre, grammairien, historien, géographe, linguiste, mathématicien, etc.

Et l'évolution est lente. Le *Larousse du XXe siècle* (6 volumes, 1928-1933 ; préparé par Paul Augé) admet le

1. André Malraux, *Antimémoires*, Gallimard, 1967.
2. Ariane Bois, *Et le jour pour eux sera comme la nuit*, Ramsay, 2009.

féminin *pharmacienne* (« peu usité »), mais non celui de *dentiste* ; celui de *journaliste*, mais pas de *photographe* ; de *latiniste* et *helléniste*, mais pas de *chimiste*, *géographe*, *géomètre*, *historien*, etc. Le tardif accès des femmes, à partir du milieu du XIXe siècle, aux études puis aux professions est connu : première « bachelier » en 1861 (la saint-simonienne Julie Daubié[1]), première « licencié » ès lettres en 1871 (encore Julie), première « docteur » en médecine en 1875 (Marguerite Brès ; son inscription à la faculté fut débattue en Conseil des ministres), première femme à prêter le serment d'avocat en 1900 (Jeanne Chauvin, à la suite d'une longue lutte), etc. Cette conquête des diplômes et des emplois, on le sait, rencontra tous les obstacles : préjugés, règlements, pouvoir machiste, crainte masculine de la concurrence, etc. ; elle dut aussi dénouer les entraves de la langue.

Quand les femmes arrivent enfin aux affaires, le masculin domine (Julie Daubié fut *bachelier* puis *licencié*), le féminin est ancillaire et conjugal. Claudie Baudino[2] a relevé et analysé les désignations de Jeanne Chauvin dans la presse, entre 1897 et 1900 ; son étude est éclairante. On sent tout d'abord la difficulté à nommer : les journalistes se servent d'italique, de guillemets, de formes composées (*femme avocat*, *avocat féminin*), de réemploi (la jeune *doctoresse*, la nouvelle *maîtresse* en droit). *Avocate* apparaît, notamment

1. « On peut citer un certain nombre de femmes qui au Moyen Âge et surtout à l'époque de la Renaissance, ont obtenu leur bonnet de docteur, mais Mademoiselle Daubié est certainement le premier bachelier de sexe féminin qu'ait proclamé l'université de France. » Francisque Bouillier, « *Mademoiselle Daubié, premier bachelier de sexe féminin* », *Salut public de Lyon*, 23 août 1861.

2. Claudie Baudino, *Politique de la langue et différence sexuelle*, *op. cit.*, p. 87-99.

dans *Le Radical* qui soutient la cause féminine, mais non sans réticence ni hésitation : le terme est senti comme un néologisme. Formellement, il ne l'est pas : *avocate* est d'emploi courant depuis le XIVe siècle, mais au sens de « celle qui intercède », notamment auprès de Dieu ; la Vierge Marie est l'*avocate des pécheurs*. Il suffirait donc d'en étendre la signification[1] : la tâche, en 1897, semble démesurée, tant pèse la tradition. D'autant plus que le conservatisme met les rieurs de son côté : la presse traite Jeanne Chauvin de *chicaneuse*, *chicanette*, *maîtresse ès chicanes*, *plaideuse*. Claudie Baudino note, après 1900, un progrès du terme *avocate*, que l'Académie française fera entrer dans son dictionnaire en 1932 (8e édition). Malgré la validation académique, le mot *avocate* fut longtemps refusé ; Albert Dauzat rapporte une piquante anecdote des années 1950 :

> Un petit accident d'ordre grammatical s'est produit au Palais en janvier 1951, à l'occasion de l'inauguration d'un médaillon à l'effigie de Maria Vérone. L'inscription portait *avocate*. Quelques confrères crurent bon de faire arrêter les travaux, en avertissant l'architecte du Palais que ses ouvriers avaient commis une faute d'orthographe[2].

En 1974, la personne rédigeant l'article *avocat* du *Trésor de la langue française* se permettait encore cette remarque : « Quand il s'agit d'une femme inscrite au bar-

1. Notons que l'emploi juridique d'*avocate* est attesté une fois, à date ancienne, mais en contexte négatif : « Et ce est contre bonnes lays, qui denoient que femme ne soit juge ne *advocate* », Nicole Oresme, *Le Livre de politique d'Aristote*, 1364. Le dictionnaire d'Émile Littré, en 1863, ne connaît que l'emploi moral d'*avocate*.

2. Delagrave, *Le Guide du bon usage*, 1954, p. 101.

reau, on emploie généralement la forme masculine ; la forme féminine *avocate* appartient à la langue parlée. » Nous-même, à la fin des années 1990, avons rencontré un dirigeant d'entreprise qui trouvait plus digne et gratifiant de parler de son *avocat* au sujet de la femme chargée de défendre ses intérêts en justice. La généralisation du mot *avocate* est donc récente, si elle est achevée : la carte de visite « Gisèle Martin, *avocat* », qui stupéfiait les grammairiens Damourette et Pichon, n'a pas totalement disparu.

Il convient d'en comprendre les raisons profondes, au-delà du machisme professionnel. Était posée une question légitime de prestige, de statut, voire tout simplement de nomination opportune. Ayant déverrouillé certaines professions, les femmes, à la fin du XIXe siècle, ne surent comment se (faire) désigner : le féminin matrimonial avait pris une telle ampleur qu'il avait contaminé tout le genre. Si la *pharmacienne* est l'épouse du pharmacien, si elle tient son foyer en élevant ses enfants, et reçoit pour le thé la *perceptrice*, la *notairesse*, la *sous-préfète*, comment nommera-t-on la femme qui, à partir des années 1870, en ayant les qualifications et les titres, exerce la profession ? Surtout, comment se désignera-t-elle, cette femme qui a fait de longues études de pharmacie, affrontant parfois le sarcasme et le mépris masculins, et qui est fière de son succès ? En outre, elle doit rassurer sa clientèle, et afficher qu'elle est effectivement diplômée. On ne peut lui reprocher d'employer à son endroit la désignation habituelle de la profession : *pharmacien* ; c'est son trophée de guerre. Elle sera donc *pharmacien* ; on lui donnera du « madame *le pharmacien* ». Il en fut ainsi, à partir de la fin du XIXe siècle, pour ces titres et ces métiers que les hommes s'étaient durablement affectés, et auxquels les femmes accèdent de haute lutte, et avec lenteur. Il leur faudra un siècle pour grimper l'échelle sociale ; ainsi, pour l'admission de candidates aux écoles d'ingénieurs : École des mines, 1921 ; École centrale, 1970 ; École polytechnique, 1972. Il fallut attendre 1972 pour qu'une femme (Marcelle Campana) fût nommée responsable d'une ambassade, 1973 pour qu'un rectorat (Reims) fût confié à une femme (Alice Saunier-Seïté), et 1981 pour qu'Yvette Chassagne fût appelée à diriger la préfecture du Loir-et-Cher. Pendant longtemps il n'y eut que des *ambassadeurs*, des *recteurs* et des *préfets*, heureux époux (nous l'espérons) d'*ambassadrices*, de *rectrices* et de *préfètes*. Et, pendant fort longtemps, le mot *ministre* ne fut pas épicène[1]. C'est dire l'emprise du féminin conjugal, longue glaciation du genre, servitude lexicale scellée dans l'usage, comme inhérente à la langue : c'est du moins ce que l'Académie française a cru. Occupant les fonctions jusqu'ici exercées par des hommes, ces femmes ne pouvaient être *ambassadrice*, *rectrice*, *préfète*, leurs épouses ; exerçant pleinement leur autorité, malgré la méfiance de beaucoup et le dépit de certains, elles se devaient d'en arborer le titre : *ambassadeur*, *recteur*, *préfet*. Il leur fallut patienter (près d'un demi-siècle, tout de même), jusqu'à ce que les nominations féminines soient entrées dans les mœurs et dans la langue, que le genre féminin puisse désigner également (puis principalement, voire exclusivement) la femme exerçant une fonction ou un métier. Faire preuve de patience, au risque de prêter la main à la dernière rouerie masculine : les hommes, contraints de lâcher du lest et quelques positions dominantes, sauvaient au moins la suprématie de leur genre, sous couleur de neutre et de non marqué.

1. Germaine Poinso-Chapuis fut la première ministre de plein exercice (1947), la seule jusqu'à Simone Veil (1974).

> Dérober son sexe derrière le genre adverse, c'est le trahir. Proclamer la supériorité du masculin, madame *le docteur*, c'est reconnaître implicitement la supériorité du mâle, dont le masculin est l'expression grammaticale [1].

Les brillantes hautes fonctionnaires devaient subir le joug du « genre noble » (certaines s'en faisant gloire : « Elles veulent porter tout crus des titres d'hommes », regrettait Brunot), l'infamant indice d'une infériorité féminine. Donner à une dame un titre masculin est proprement inouï : après tout, Anne d'Autriche ne fut pas *régent* ! Le fait révulse Damourette et Pichon, qui, rappelons-nous, n'y voient qu'un moyen de

> ridiculiser leurs efforts méritoires par des dénominations masculines écœurantes et grotesques, aussi attentatoires au génie de la langue qu'aux instincts les plus élémentaires de l'humanité [2].

Les heureuses élues, promues, tolérées se devaient de célébrer la gloire du masculin, qu'une grammaire servile s'empressait de justifier. Jamais dans cette affaire le purisme ne fut du côté des femmes.

Un embarras passager ?

En attendant des jours linguistiques meilleurs, on bricolait. Les nominations féminines, effraction sociale, s'accompagnèrent d'une effraction grammaticale qui ne

1. Albert Dauzat, *Le Guide du bon usage. Les mots, les formes grammaticales, la syntaxe*, Delagrave, 1954, p. 100.
2. *Des mots à la pensée*, *op. cit.*, t. I, p. 320.

pouvait qu'être provisoire. Elle dura néanmoins, tout le temps de cette tragique équivoque du « neutre », longue et curieuse parenthèse de jachère grammaticale : auparavant, on n'imposait pas le masculin aux femmes ; on l'a fait pendant plus d'un siècle ; on cesse progressivement de le pratiquer aujourd'hui. L'accès, d'abord parcimonieux, puis difficile, puis commun, des femmes aux « grands emplois » s'est accompagné d'un désordre dans la langue propre à déconcerter les savants ; d'ailleurs, nous l'avons vu, ils le furent (Brunot, Damourette-Pichon, Dauzat, Thérive, etc.). Désordre inévitable, dès lors que les femmes nommées à ces emplois n'avaient d'autre choix que d'en adopter la titulature masculine, mais dont les inconvénients syntaxiques sont manifestes. En aucun cas les prescripteurs officiels n'eussent dû les valider.

Outre qu'il fait passer les nouvelles hautes fonctionnaires sous les fourches caudines de la masculinité, l'emploi du masculin est source d'équivoque. Le purisme, on le sait, s'enchante de la précision dont le français fait preuve : « La syntaxe française est incorruptible. C'est de là que résulte cette admirable clarté, base éternelle de notre langue. Ce qui n'est pas clair n'est pas français[1]. » On pouvait donc attendre de ce courant de pensée une condamnation sévère de l'amphibologie sociale d'une telle pratique du masculin. « *Le* ministre va vous recevoir », dit l'huissier, qui vous introduit auprès… d'une dame. Résumant à grands traits l'affaire du *Rainbow Warrior*, *Le Figaro* du 31 décembre 2008 écrivait :

1. Antoine de Rivarol, « Discours sur l'universalité de la langue française », *in* Académie de Berlin, *De l'universalité européenne de la langue française*, Fayard, 1995, p. 162.

> En 1985, le capitaine Dominique Prieur, membre du service action de la DGSE, se faisant passer pour Sophie Turenge, remettait avec l'aide d'un autre espion, le chef de bataillon Alain Mafart, alias Alain Turenge, des bombes à des nageurs de combats de la DGSE.

Seul son prénom de couverture (*Sophie*) rappelait au lecteur que *le* capitaine Dominique Prieur était une femme.

L'emploi du masculin au sujet des professions féminines, au-delà de l'ambiguïté, n'allait pas sans barbarisme grammatical. Nous avons parlé de « bricolage » : l'appellatif en est un bon exemple. Depuis toujours l'appellation est congruente en genre : « Madame la marquise, mademoiselle votre institutrice », etc. Tout, dans ces constructions, est au féminin, à commencer par le possessif (détachable : « *Ma* chère dame, *ma* chère demoiselle »), pour finir par le nom en apposition (*marquise*, *institutrice*). Les hautes fonctionnaires ayant opté pour le masculin prêtèrent à une formulation étrange. Les appeler « madame *le* ministre », « madame *le* préfet », etc., comme on se mit à le faire, faute de mieux, constituait en effet un exemple avéré d'écart de syntaxe, la mise en présence brutale du féminin et du masculin : que dirait-on de « monsieur l'infirmière » ? À propos de « madame *le* ministre », André Thérive parle de « construction affreuse[1] », Damourette et Pichon, de « monstruosité » : ne résistons pas au plaisir de les citer encore :

> Ne se rendent-elles pas compte que, bien au contraire, au point de vue social même, elles ne font, en laissant obstinément à leur titre sa forme masculine auprès de leur nom féminin et de leur appellation féminine de madame ou mademoiselle, que se

1. André Thérive, *Clinique du langage*, Grasset, 1956, p. 40.

> proclamer elles-mêmes des monstruosités, et que, dans une société où il deviendra normal de les voir exercer les métiers d'avocat, de médecin, d'écrivain, il sera naturel qu'il y ait pour les femmes se livrant à ces métiers des dénominations féminines comme il y en a pour les *brodeuses* ou les *cigarières* [1] ?

Curieusement, le purisme, Académie française en tête, a entériné une telle appellation de fortune, profanation provisoire des règles élémentaires de la syntaxe [2]. La Compagnie persiste et signe. À l'article « *Ministre*, nom masculin » de la 9e édition (en cours) de son dictionnaire, on lit cette remarque, imprimée en gras :

> L'emploi du féminin dans *la ministre*, et dans *Madame la ministre,* qui est apparu en 1997, constitue une faute d'accord, résultant de la confusion de la personne et de la fonction.

Outre que les grammairiens ne parlent pas d'*accord* entre un article et un substantif, il y aurait « faute d'accord » seulement si le mot *ministre* était pour l'éternité du genre masculin [3]. *Ministre* pourrait être essentiellement masculin, par exemple, s'il exprimait le concept de la fonc-

1. *Op. cit.*, p. 321.

2. Il ne s'agit donc pas d'un « usage ancien et constant », comme l'affirme Alain Peyrefitte, dans *Le Figaro* du 7 juillet 1998.

3. Le purisme ne craint pas d'en faire doctement la leçon, pourtant d'une plaisante sottise : « Dire ou écrire *la* ministre, *la* juge, *la* commissaire, comme on le fait communément depuis quelque temps et comme on prétend l'imposer, ne va pas seulement contre la tradition, l'usage et la sensibilité, mais constitue un défi à la logique et la violation d'une règle aussi élémentaire que fondamentale : l'article comme l'adjectif s'accorde en genre et en nombre au substantif dont il dépend », Dominique Jamet, « Paix à la syntaxe, madame "la" ministre », *Marianne*, 26 janvier 1998. *Ministre, juge, commissaire* seraient-ils des mots intrinsèquement masculins ?

tion. C'est l'argument académique. Que vaut-il ? Peu de chose, on le sait ; et d'ailleurs ce « bon usage » que la Compagnie défend et théorise n'a finalement pas tenu : les expressions « madame *la* ministre », « madame *la* préfète », etc., sont aujourd'hui entrées dans l'usage courant. Le purisme, justifiant en raison ce qui tenait à une circonstance, voit dans « madame *le* ministre » un couple formé de l'appellatif (au féminin : *madame*) et de la fonction ministérielle (exprimée au neutre, c'est-à-dire au masculin). On joindrait ainsi à l'appellatif destiné à la dame la citation abstraite (Marc Fumaroli, dans *Le Figaro* du 31 juillet 1998, parle de « transcendance ») de la fonction qu'elle occupe. Nous avons dit au chapitre précédent ce qu'il fallait en penser. S'agissant d'une personne singulière, réelle, désignée, le générique n'est pas de mise ; on s'adresse à une femme, ici présente, qui est ministre ou préfète. En outre, le concept de fonction participant à cette scabreuse construction « légitime » n'est pas défini, encore moins énuméré. Il s'agit, le plus souvent (en extension) des ministères, des ambassades, des rectorats, des préfectures. Et encore ? Des directions d'administration centrale, des services généraux ? Ou bien (en compréhension) de toute fonction « éminente », « prestigieuse » ? Quelle en est la définition ? Dans sa 8e édition (1932), le dictionnaire de l'Académie française, à l'article « Présidente », donne cet exemple : « Elle est la *présidente* de cette œuvre de bienfaisance » ; il s'agit bien d'une fonction, d'ailleurs très honorable. À l'article « Directeur, -trice » de la 9e édition (en cours), on lit parmi les exemples : « *directrice* d'une société, d'une compagnie d'assurances » ; ne sont-ce pas des fonctions majeures, qui eussent requis la transcendance du masculin ? Rien, décidément, ne vient justifier cette incongruité grammaticale.

Le désordre qu'induit l'emploi du masculin pour des professions et fonctions occupées par des femmes est patent ; il aurait dû faire défaillir les scrupuleux défenseurs de l'exactitude du langage, desservants zélés de la clarté française. Qu'ils aient fait de ce brouillamini une règle, voire une élégance, laisse pantois. Car un tel usage brise le fin réseau des anaphores, reprises, accords en genre qui fait la trame des énoncés. La Nouvelle-Zélande avait accepté de libérer le capitaine Prieur, en échange de son assignation sur l'atoll polynésien de Hao. Au matin du 6 mai 1988, on apprenait son retour discret en France. Pourquoi le capitaine avait-*il* été rapatri*é* ? Parce qu'*il* commençait une grossesse. La nouvelle fit les gros titres des journaux, et la joie du *Canard enchaîné*, moquant cette bizarrerie de langage : le capitaine Dominique Prieur était *enceinte*. *Il* n'était pas le seul (on s'en réjouit pour la natalité française) ; rendant compte d'un meeting aérien, le journal *Le Monde* du 16 octobre 1992 publiait cette information : « *Le* ministre des Sports, qui est *enceinte*, n'a pu sauter en parachute comme prévu » ; Mme Frédérique Bredin attendait un enfant.

Cette emprise du masculin n'est pas une simple affaire d'incorrection lexicale, qui attribue à une femme un nom d'un autre genre. Il s'agit d'employer ce substantif dans des phrases, ce qui a des effets autrement pervers. Se pose nécessairement la question de la *reprise* : tout terme au sein d'un énoncé s'insère dans un réseau qu'il gouverne et qui, nous l'avons vu, participe à la définition du genre linguistique. Un mot est d'un genre particulier, notamment par les sélections (tel élément grammatical et pas tel autre) qu'il implique : proches (article, adjectif, etc.) et moins proches (pronom, participe, épithète, etc.). On sait que *mur* est du genre masculin parce qu'on dit : « *Le grand* mur *vert* sera-t-*il repeint* ? » (Et non *La grande* mur *verte* sera-t-*elle repeinte* ? ») Comment va-t-on « reprendre » le capitaine Prieur ? Deux solutions sont possibles. La première est la plus simple : la *cohérence formelle* ; c'est la plus impertinente également. Elle consiste à respecter formellement le genre, et à choisir les alliances au masculin : c'est ce que firent certains journaux, annonçant que le capitaine était *enceint*. C'est ce qu'a adopté encore récemment l'Académie française, annonçant le décès d'Assia Djebar par un communiqué dont rien ne laissait entendre qu'il s'agissait d'une femme. Rappelons cette étrange annonce :

> *Le* secrétaire perpétuel et les membres de l'Académie française ont la tristesse de faire part de la disparition de leur *confrère*, Assia Djebar, *chevalier* de la Légion d'honneur, *commandeur* de l'ordre des Arts et des Lettres, *décédé* le 6 février 2015.

Une telle négation de la féminité, que l'on peut juger outrageante, conduit à des absurdités : pour tous les dictionnaires, conformément à la biologie, *enceinte* est un adjectif féminin[1]. Elle entraîne pour le moins des équivoques. Les exemples en sont légion : sous le titre « Le Premier ministre se dit prêt aux compromis avec l'opposition », *Sud-Ouest* du 25 mai 1991 citait les déclarations de Mme Édith Cresson ; le 20 juin 1992, *Le Monde* annonçait la mort « du poète italien Margherita Guidacci » ; « Le chef de l'État, accompagné de son

1. Un masculin métaphorique n'est pas impossible. Claude Lévi-Strauss : « Ainsi ensorcelé, le garçon découvre qu'il est *enceint*. Plein de honte, il quitte son village et va chercher la mort parmi les bêtes sauvages », *Anthropologie structurale*, Plon, 1958.

époux » qu'évoquait *Le Monde* du 7 septembre 1997 n'était pas quelque pionnier du mariage pour tous, mais Mme Mary Robinson, la présidente de la République d'Irlande.

On comprend que les locuteurs aient vu d'un bon œil l'autre solution : se conformer au sexe, féminin, de la personne et accorder en conséquence. C'est ce que fit le Premier ministre Jacques Chirac, répondant, dans l'après-midi du 6 mai 1988, à la colère de son homologue néo-zélandais, accusant la France de « violation patente de ses obligations dans le cadre de la législation internationale » :

> Le capitaine Prieur est actuellement enceinte et l'accord prévoyait que, dans ces circonstances, elle pouvait être rapatriée en France. (Services du Premier ministre.)

De fait, pour la plupart des journaux, le capitaine Prieur était *enceinte*. La formulation, ainsi, n'est plus outrageante ; mais elle devient linguistiquement incongrue : c'est la solution par la *syllepse*. Les grammairiens nomment ainsi un accord opéré selon le sens et non selon les règles de la grammaire, qu'il s'agisse du nombre (une vingtaine *survécurent*) ou du genre (ce mannequin est *charmante*). On se doute qu'aux yeux du purisme cette facilité n'a pas bonne presse. Au rebours de la règle grammaticale, laquelle s'applique avec une rectitude prussienne (un nom masculin est suivi sans exception d'une épithète de ce genre), la syllepse opère au nom du « sens », et de la perception que l'on en a : tel jugera trop audacieuse la formule « ce mannequin est charmante », tel s'autorisera une syllepse brutale. Ainsi Anatole France, dans cet exemple que cite André Goosse :

> *La* pauvre Barbe-Bleue se doutait bien de quelque chose, mais *il* ne savait pas de quoi (*Les Sept Femmes de la Barbe-Bleue*)[1].

Si l'on désire respecter le sexe d'une femme, tout en usant à son égard, selon le « bon usage », d'un titre *masculin*, il convient d'accompagner ce titre d'éléments *féminins* (pronoms personnels, adjectifs, etc.). On est ainsi conduit à pratiquer l'accord selon le sens, en corrompant cette syntaxe incorruptible : « *Le* ministre est *enceinte* », « *Un gardien* de la paix, Catherine C., *âgée* de vingt-sept ans, a été *tuée* par balles ». Au sujet de Mme Édith Cresson, la première femme qui entra à Matignon, la presse offrit un festival de syllepses, qu'Edwige Khaznadar se plaît à relever :

> *Ancienne* ministre du Commerce, *le nouveau Premier* ministre s'est *exprimé* et *elle*... Mais *le Premier* ministre n'est pas vraiment *inquiète*... Puis *le Premier* ministre a commenté ses propositions, *indifférente* aux protestations... *Le Premier* ministre a indiqué qu'*elle*... Le Premier ministre rappelle qu'*elle*... *L'ancien Premier* ministre s'est *exclamée*[2]...

La norme académique pour la désignation des femmes selon leurs professions et fonctions, quand elle ne nie pas frontalement leur féminité (« *Le* ministre est *enceint* »), invite à une syllepse généralisée : « *Le* ministre est *enceinte* ; *il* n'a pu sauter en parachute et s'en montre *désolée*. » Affaiblissant la syntaxe, l'accord par le sens présente en outre l'inconvénient de dépendre du jugement sémantique du locuteur, à tout moment de son énoncé. Il est loisible de pratiquer la syllepse pour un élément, mais pas

1. *Le Bon Usage*, 14e édition, *op. cit.*

2. Edwige Khaznadar, « Pour une première : la dénomination de la femme dans l'actualité », *Cahiers de lexicologie*, n° 63, 1993, p. 143-169.

pour un autre : la norme puriste, suivie strictement ou pas, çà et là, produit une spectaculaire incohérence des énoncés. Ainsi, cette information publiée par le journal *Le Monde* (24 novembre 1998) :

> Bangladesh : l'écrivain Taslima Nasreen a obtenu, dimanche 22 novembre, de la Haute Cour de Dacca, devant laquelle *elle* s'est *présentée* personnellement, la liberté sous caution. *Rentrée* en septembre au Bangladesh, après quatre ans d'exil en Suède, consécutifs aux menaces proférées à son encontre par des extrémistes islamiques, l'écrivain est accusé de « blasphème ».

Nous avons souligné l'emploi du masculin et italisé celui du féminin. Les réseaux anaphoriques fonctionnent selon un genre ou selon un autre, voire selon les deux à la fois : l'incorruptible syntaxe, dans les faits, est en miettes. Et la compréhension devient difficile ; témoin cet ahurissant fait-divers, cité par Edwige Khaznadar – on se demande, dans les dernières lignes, qui est qui, et qui a fait quoi :

> Une femme policier renvoyée pour harcèlement sexuel. – *Une femme policier*, shérif adjoint du comté de F., vient d'être *renvoyée*. [...] *Le policier* aurait porté la main aux parties génitales d'au moins deux de ses collègues masculins [...] ; *elle* était également *connue* pour son langage « peu châtié » [...]. Le responsable de la police n'a pas souhaité donner l'identité *du policier sanctionné* en raison du « caractère sensible » de l'accusation, dont *elle* pouvait encore faire appel. En outre, un autre shérif adjoint, de sexe masculin, a été mis à pied avec *le policier sanctionné*. [...]. Les deux *policiers* sont accusés d'attouchements commis pendant le service [1].

1. Edwige Khaznadar, *Le Féminin à la française*, *op. cit.*, p. 167.

La norme toutefois reste inflexible, et attribue le genre masculin aux professions et fonctions de quelque importance. Cela étant, on pratique le bricolage sylleptique, avec plus ou moins de succès, d'audace et de certitude. Qui n'a pas conscience que cette règle est d'un artifice patent, qui révoque notamment ce procédé naturel et commun : designer une femme par un pronom féminin ? Mais il faut du courage pour oser s'en affranchir, car les puristes veillent au grain.

Une initiative du ministère de l'Éducation nationale prend dès lors tout son intérêt. Confronté à des difficultés orthographiques et grammaticales bien connues, désirant alléger le fardeau des élèves (et des correcteurs), n'ayant pas obtenu de l'Académie française qu'elle montrât, sur les points concernés, quelque souplesse, le ministère se résolut, à l'instigation du réformateur René Thimonnier, de publier, le 28 décembre 1976, un « arrêté relatif aux tolérances grammaticales ou orthographiques », signé du ministre René Haby. Ce fameux « arrêté Haby » ne constituait pas une réforme de la langue, sur laquelle la Compagnie gardait toute son autorité : il présentait simplement des tolérances de correction à ses examens et concours : « Il ne sera pas compté de fautes aux candidats dans les cas visés ci-dessous » ; en cela, l'État était parfaitement dans son rôle et dans son droit. Cet arrêté montre en creux la puissance du purisme à l'époque : on y prend soin de préciser que les expressions tolérées, prises en considération dans la seule correction, ne doivent pas être enseignées en classe. La plupart des commentateurs pensent que cet arrêté ne fut guère appliqué, par des maîtresses ou des maîtres qui l'ignoraient ou, pire, n'osaient le suivre, voire refusaient ce « laxisme ». Ce qui est dommage, car les questions abordées comme les tolérances retenues (énoncées en capitales) sont pertinentes :

accord du présentatif *c'est* (Ce sont/C'EST là de beaux résultats) ; concordance des temps (J'avais souhaité qu'il vînt/qu'il VIENNE) ; participe passé conjugué avec *avoir* et suivi d'un infinitif (Les musiciens que j'ai entendus/ENTENDU jouer) ; etc. L'arrêté Haby aborde le sujet qui nous concerne ; c'est le seizième point :

> 16. Noms masculins de titres ou de professions appliquées à des femmes.
> *Le français nous est enseigné par une dame. Nous aimons beaucoup ce professeur. Mais il (ELLE) va nous quitter.*
> Règle : Précédés ou non de *madame*, ces noms conservent le genre masculin ainsi que leurs déterminants et les adjectifs qui les accompagnent.
> Tolérance : Quand ils sont repris par un pronom, on admettra pour ce pronom le genre féminin.

« On a bien lu ! » Par dispense ministérielle, pour les seuls examens et concours, pour l'anaphore pronominale seulement, et sans qu'il en soit question en classe, l'emploi d'un féminin pour désigner une femme est toléré. On a conduit la grammaire française à la déraison.

Par chance, ses usagers vont se charger de la ramener au bon sens. Adopter le masculin académique menait soit à des énoncés entièrement au masculin, équivoques et offensants, soit aux erratiques contorsions de la syllepse. Restait une troisième option, à laquelle il devenait urgent de se rallier : la féminisation. Dès le 30 novembre 1998, sous la plume de Thomas Ferenczi, le journal *Le Monde*, après de longues discussions au sein de la rédaction, décidait avec courage de féminiser les métiers et les titres (on notera l'emploi des guillemets, pour citer ce qui passe encore pour d'audacieux néologismes) :

> N'hésitons pas à employer au féminin les mots de « maire », de « ministre », de « juge » ou de « secrétaire », acceptons que notre sécurité soit assurée par des « policières », nos départements gérés par des « conseillères générales » et notre pays dirigé, le jour venu, par une « présidente ».

La presse, en général, suivit. Elle donna par suite un bon exemple de ce qu'est dans les faits un changement linguistique : la coexistence provisoire de formes nouvelles et anciennes. *Le Monde* lui-même, le 21 octobre 2005, rapportait en première page les mésaventures de la « lieutenante cavalière » Pelardy, laquelle changeait de sexe au cours du récit :

> La « lieutenante » Pelardy, vingt-sept ans, un air d'étudiante sérieuse... C'était le premier bivouac du lieutenant Pelardy affectée cet été au régiment de cavalerie... Le lieutenant n'est pas la première femme officier de la garde. Mais c'est la première fois que le régiment accueille un officier entré à l'EOGN... Le lieutenant, tout neuf, a reçu le commandement... Mardi 19 octobre, la jeune femme dirigeait... Lorsque le lieutenant a ordonné... L'officier a voulu attendre... Le lieutenant est tombée à la renverse... L'officier a roulé pour se protéger, mais le cheval l'a heurtée... Ses cavaliers ont fait cercle autour d'elle... Moins d'une heure après sa chute, le lieutenant Pelardy, contusionnée, un poignet douloureux, avait repris la tête de son peloton. Elle a chargé comme les autres, le sabre en avant...

Restait *Le Figaro* qui, durant la « campagne de 1984 », s'était fait l'écho fidèle des positions académiques ; ce journal restait le rempart du masculin. Ou du moins, une ligne Maginot. Le 22 novembre 2005, Mme Angela Merkel était élue à la Chancellerie berlinoise ; dès lors, *Le Figaro* jonglait : « la première *femme chancelier* », « la *chancelier* », etc. (mais pas la *chancelière*). Ce n'était pas tenable.

Le Figaro littéraire du 8 décembre 2005 publie ce cri du cœur de Mme Adélaïde Martin, correctrice :

> « Chaussé d'escarpins à talons aiguilles et vêtu d'un coquet tailleur rose, le chancelier allemand a serré la main de Jacques Chirac. » C'est du joli, Gerhard ! Le ridicule ne tue pas, mais l'incident diplomatique n'est pas loin… Tous les jours, les correcteurs sont confrontés à ce genre d'absurdités. Ils rectifient dans les cas extrêmes mais sont gênés aux entournures, car la féminisation est pour l'instant interdite au *Figaro*. Or l'exemple ci-dessus montre bien qu'il est souhaitable – et légitime – de féminiser les noms de fonctions.

Passant outre à l'interdiction, la correctrice avouait qu'elle avait, quelques jours auparavant, entièrement féminisé la nécrologie d'Henriette Jelinek, qu'un journaliste avait rédigée en ces termes : « À quatre-vingt-deux ans, l'*écrivain*, *né* dans les Landes, qui fut psychologue, scénariste, *enseignant* aux États-Unis […]. *Il* a signé huit romans. » Adélaïde Martin concluait en ces termes :

> Sous la pression de l'usage, plusieurs journaux ont adopté cette féminisation. L'Académie française demeure, elle, hostile à cette évolution. « Il semble difficile, vraiment, même si l'on est plein de zèle, de s'adapter aux règles d'une nouvelle grammaire qui serait aussi politiquement correcte qu'elle est linguistiquement incorrecte », déclarait Maurice Druon en 1998, dans une lettre ouverte à Lionel Jospin, alors Premier ministre. Nous vous invitons à donner votre avis sur la féminisation des mots.

Les réactions des lecteurs furent négatives. Le service de correction du journal, cependant, tint bon : le 19 décembre, Mme Merkel devenait la *chancelière*. Malgré une ultime intervention de Maurice Druon, qui s'estimait trahi (« Je ne puis pas ne pas réagir devant le tombereau de sottises déversées récemment dans les colonnes du *Littéraire* », 29 décembre), *Le Figaro* fut désormais féminisé. Cette anecdote est significative. Elle est tardive, 2005 ; elle date de fait la généralisation du féminin professionnel en France : la dernière citadelle du masculin venait de tomber. Ce ne fut pas sans débats : rendons hommage à l'honnêteté d'un quotidien conservateur qui accepta de publier un article favorable à la féminisation. Ses responsables, tout accueillants qu'ils fussent aux thèses académiques, sentaient bien que les choses bougeaient ; l'auteure de l'article, il est vrai, n'était pas n'importe qui : une correctrice du journal intervenait en tant que telle, rejouant l'ancien conflit des experts et des puristes. Toujours est-il que *Le Figaro*, de nos jours, s'il publie encore quelques philippiques d'arrière-garde[1], ne parle que de *sénatrices*, de *députées*, d'*ambassadrices* ; la page est tournée.

L'Académie française aura réussi, pendant plus de vingt ans, à freiner dans ce pays un changement linguistique aussi légitime que nécessaire, imposant une norme extravagante, obligeant à des contorsions grammaticales inouïes. La Compagnie aura même entre-temps conduit avec hauteur, mais sans succès, un nouvel assaut contre la féminisation. Ce fut un combat de trop. Reste à comprendre les raisons pour lesquelles elle s'y prêta.

1. Marc Fumaroli, « Il faut défendre la langue contre les Trissotin du féminisme », *Le Figaro*, 3 novembre 2017.

CHAPITRE 6

L'offense faite au purisme

« À quoi bon ? », direz-vous. La féminisation des noms de métiers, titres et fonctions est aujourd'hui quasi générale, à l'oral comme à l'écrit, dans la conversation courante comme dans la langue soutenue. Ne résistent que les anticonformistes du statu quo, pourfendeurs réactionnaires du « politiquement correct » ; le masculin des titres et fonctions devient une marque de conservatisme frondeur, comme le goût pour les cigares, la chasse, la vitesse.

> [Au sujet du flamboyant avocat Éric Dupond-Moretti]
> Les médias raffolent des *punchlines* de cet antimoderne, qui peste contre la limitation de vitesse à 80 km/h, dézingue les adversaires de la corrida, boude le quinoa et le hashtag #balancetonporc. On devine facilement ce qu'il pense de la féminisation des noms. « Pourquoi pas école paternelle et la matinoire ? » répond-il [1].

Le bastion puriste est cerné ; il perd pied, cède du terrain. En 1998, à propos des femmes entrées sous la Coupole, la Compagnie pouvait écrire :

1. Simon Piel et Ariane Chemin, « Éric Dupont-Moretti, l'instinct de défense », *Le Monde*, 17 février 2017.

> Les deux que nous avons élues ces dernières années ont fort bien accepté, parce qu'elles ont une connaissance parfaite et un sens aigu du français, d'être désignées comme académiciens et non *académiciennes*[1].

Elle n'a pu empêcher l'adoption universelle, et en son sein même, du féminin *académicienne* ; il est vrai qu'il existe en français depuis… 1701. Hier encore, sur le site de l'Académie française, Mme Hélène Carrère d'Encausse était présentée comme *historien* (ce qui se développe ainsi : Mme Carrère d'Encausse est *historien*). Mais, depuis peu (fin mai 2018), elle est *historienne* : saluons ce discret aggiornamento, qui contredit avec grâce trente ans de déclarations solennelles et péremptoires[2]. Celles et ceux que les puristes tançaient, fustigeaient, moquaient, ont gagné. Mais il n'y a pas de vainqueur, tant ce changement linguistique s'imposait : la féminisation a pris dans la langue la place naturelle qui lui revenait. On peut par suite se demander pourquoi, dans notre pays, on tenta si longtemps et si ardemment de freiner cette évolution ; c'est l'objet de ce chapitre final.

Le Québec, si proche, si juvénile aussi et intensément démocratique, nous renseigne par contraste sur la France, et

1. « Adresse au président de la République », *Le Figaro*, 9 janvier 1998. Voir également : « Mme de Romilly, Mme Carrère d'Encausse sont, pour notre bonheur, madame l'*académicien*. Ces dames ont le sens de la langue française », Maurice Druon, *Le Figaro*, 15 juillet 1997.

2. Il est vrai que le chemin est encore long jusqu'à Canossa. Sur le site de l'Académie, Dominique Bona, Florence Delay, Danièle Sallenave sont toujours *écrivains*. Si Barbara Cassin est épicène (*philologue* et *philosophe*), on peut noter, parmi les membres décédées, que Marguerite Yourcenar était *romancier*. (Le féminin *romancière* est attesté depuis 1844.) Réjouissons-nous d'apprendre que Simone Veil était une *femme politique* ; *homme* politique eût été très inconvenant.

notamment sur l'ancienne alliance monarchique que notre pays a nouée entre la langue et l'État. Deux pays si fraternellement francophones : une même passion pour la langue française, une semblable ardeur à la défendre, mais de telles différences dans les démarches et les options. Euphorisées par la Révolution tranquille, les Québécoises se saisirent de leurs droits et de leurs épithètes : elles firent jouer à plein la morphologie dérivationnelle ; l'« État », en l'occurrence l'Office de la langue, avait pour mission de vérifier cette néologie triomphante. Dans la Belle Province où tout a commencé, la féminisation résulta d'une mobilisation de la société civile : ne s'agissait-il pas de sa propre langue, courageusement défendue contre l'anglicisation ? De ce côté de l'océan, l'idiome est d'abord une affaire de l'État ; et en matière de politique linguistique comme en d'autres, ce dernier n'a pas inventé l'approche ascendante. La « campagne de 1984 » en constitue un cas d'école : tout procéda du pouvoir, initiative et condamnation. Certes, le contexte se prêtait aux avancées sociales, auxquelles le gouvernement s'attachait à répondre ; mais la procédure suivie fut de part en part étatique : décrets, circulaires, commission ministérielle de terminologie, etc. L'exécutif se heurta cependant à une institution officielle qui, rappelant ses prérogatives statutaires, arguant de son autorité morale et convoquant la science, fit solennellement barrage à l'entreprise ministérielle. Traité par l'Académie comme un garnement auquel on tord l'oreille, le gouvernement socialiste capitula sans gloire. Vingt ans plus tard, Maurice Druon s'en flattait encore : « Un arrêt Dumézil-Lévi-Strauss, prononcé des hauteurs de la Coupole, y avait mis un frein salutaire[1]. » Allait-on recommencer, dans les mêmes

1. *Le Figaro*, 29 décembre 2005.

termes, selon une semblable configuration, pour un résultat également piteux ?

Bis repetita ?

On lasserait les aimables lecteurs et lectrices, bien au fait maintenant de la querelle de 1984, si nous racontions à l'identique celle des années 1997-1998. Prenant une vue cavalière de la scène, nous nous contenterons de désigner ce qui fut nouveau, et décisif, dans l'intrigue et les acteurs.

La seconde mobilisation française, pas plus que la première, ne procéda de la société civile ; elle eut pour actrices de jeunes femmes politiques qui refusaient d'échanger leur féminité contre un maroquin. Au Québec, la féminisation fut affaire d'écrivaines, d'ingénieures, de professeures ; en France, tout se joua autour de la fonction ministérielle. Dès 1992, Ségolène Royal, nommée ministre de l'Environnement du gouvernement Bérégovoy, demande l'application de la circulaire (non abrogée, peu appliquée) de 1986 ; elle est tancée par l'Académie mais tient bon[1]. Elle est rejointe, après le changement de majorité de juin 1997, par d'autres femmes énergiques, notamment Élisabeth Guigou, première femme nommée à la tête d'un ministère « régalien » : cette dernière annonce d'entrée de jeu qu'elle sera *la* garde des Sceaux[2] ; ses consœurs du gouvernement (Martine

1. « Une circulaire de Mme Ségolène Royal, Madame “la” ministre », *Le Monde*, 13 octobre 1992. Notons que Véronique Neiertz (dont l'œuvre législative, progressiste et fructueuse, vaut qu'on la salue), nommée le 18 mai 1991 secrétaire d'État aux Droits des femmes et à la Vie quotidienne, tenait à l'appellation « madame *le* ministre ».

2. « Il faut donc, si l'on veut que les fonctions politiques et les fonctions de direction en général s'ouvrent aux femmes, accepter de

Aubry, Marie-George Buffet, Catherine Trautmann, Dominique Voynet, etc.) font posément savoir, par circulaire interne, qu'elles entendent être nommées ainsi ; les puristes s'étranglent[1]. Mais le mouvement est en marche et l'affaire est menée rondement[2]. Le 17 décembre 1997, l'impétueuse Ségolène Royal intervient en Conseil des ministres, le président et le Premier ministre s'accordent pour féminiser les nominations, mission est donnée au chef du gouvernement de s'assurer de la validité (grammaticale et juridique) de cette décision. La France s'enflamme, comme pour toutes les querelles de langage, mais la décision politique déroule ses conséquences. Le 6 mars 1998, une circulaire du Premier ministre Lionel Jospin confirme le texte signé de Laurent Fabius, confie à la commission générale de terminologie la préparation d'une étude (nous y reviendrons), à l'Inalf (laboratoire du CNRS alors dirigé par l'auteur de ces lignes) la rédaction d'un guide pratique, invite d'ores et déjà l'administration à féminiser. Ce texte ferme et, dans le contexte de l'époque, d'un grand courage vaut qu'on le cite intégralement :

> Le Premier ministre à Mesdames et Messieurs les ministres et secrétaires d'État.

---

féminiser le langage », Élisabeth Guigou, garde des Sceaux, Assemblée nationale, compte-rendu de la séance du mardi 15 décembre 1998.

1. *Le Figaro* publie leur émoi : Jacques Capelovici, « Sexe et genre » (31 mai 1997), Maurice Druon, « Madame le ministre, Monsieur la souris » (15 juillet 1997), Jacques Capelovici, « Madame "la" ministre » (8 décembre 1997).

2. On trouvera une chronologie précise, ainsi qu'une analyse fine des pièces du débat, dans l'ouvrage, déjà cité, d'Éliane Viennot (dir), Maria Candea, Yannick Chevalier, Sylvia Duverger et Anne-Marie Houdebine, *L'Académie contre la langue française. Le dossier « féminisation »*, *op. cit.*

Voilà plus de dix ans, le 11 mars 1986, mon prédécesseur, Laurent Fabius, adressait aux membres du gouvernement une circulaire prescrivant la féminisation des noms de métier, fonction, grade ou titre dans les textes réglementaires et dans tous les documents officiels émanant des administrations et établissements publics de l'État.

Cette circulaire n'a jamais été abrogée mais elle n'a guère été appliquée jusqu'à ce que les femmes appartenant à l'actuel gouvernement décident de revendiquer pour leur compte la féminisation du titre de ministre. Elles ont ainsi engagé un mouvement qu'il faut poursuivre afin que la féminisation des appellations professionnelles entre irrévocablement dans nos mœurs.

Pour accélérer l'évolution en cours, j'ai demandé à la commission générale de terminologie et de néologie de mener une étude qui, à la lumière des pratiques passées et des usages en vigueur dans d'autres pays francophones, fera le point sur l'état de la question. La commission pourra s'appuyer notamment sur les travaux accomplis en 1984 et 1985 par la commission pour la féminisation des noms de métier et de fonction. Son étude devra m'être remise dans le courant du second semestre 1998.

En liaison avec ces travaux, l'Institut national de la langue française se propose d'établir un guide pour les usagers. Ce guide, qui recensera les termes utilisés dans les pays francophones et contiendra des recommandations concernant les formes féminines les mieux adaptées à nos usages, fera l'objet d'une large diffusion.

Dès maintenant et sans attendre le résultat des travaux de la commission générale de terminologie et de néologie, il convient de recourir aux appellations féminines pour les noms de métier, de fonction, de grade ou de titre dès lors qu'il s'agit de termes dont le féminin est par ailleurs d'usage courant (par exemple, *la secrétaire générale*, *la directrice*, *la conseillère*). Je vous invite à diffuser cette pratique dans les services placés sous votre autorité et à l'appliquer dans les textes soumis à votre signature.

De fait, le *Journal officiel* adopte la féminisation, le président de la commission générale de terminologie et de néologie (qui avait demandé à son collègue de l'Inalf la grâce de publier en premier) rend son rapport le 12 octobre 1998, le directeur de l'Inalf remet au Premier ministre, le 26 février 1999, un (très favorable) *Rapport d'étape sur la féminisation*, élaboré avec les linguistes de son institut (et prêt depuis longtemps...) ; il aboutit au guide *Femme, j'écris ton nom. Guide d'aide à la féminisation des noms de métiers, titres, grades et fonctions*, publié en juin 1999 à la Documentation française, avec une préface de Lionel Jospin. L'État a fait son travail ; il a montré l'exemple, qui s'est révélé décisif : les *directrices* d'administration centrale, *ambassadrices*, *préfètes*, *générales*, etc., nommées en Conseil des ministres ont ouvert la voie aux *écrivaines*, *ingénieures*, *professeures*, *proviseures*. Mais en cela, le pouvoir exécutif s'est fait prescripteur ; on verra la colère de qui s'est senti dépossédé.

Il faudra certes presque dix années encore, tant le purisme est dans les têtes, pour que le nouvel usage soit généralisé. Mais le tournant capital date de 1997. Quelles en sont les raisons ? Depuis 1984, le cours des choses, l'évolution des mœurs avaient fait leur œuvre, gagnant les convictions, chevillant le féminisme aux idées progressistes, donnant à cette inflexion linguistique la force d'une évidence. Le féminisme lui-même avait évolué, quittant l'espace privé et la revendication d'une autonomie corporelle (combat pour la contraception, l'avortement et la criminalisation du viol), pour se déployer dans l'univers public. Les deux « campagnes de féminisation » montrent la mutation de ce féminisme désormais politique : à une demande d'égalité professionnelle induisant un progrès terminologique (1984) succédait en 1997 une démarche générale en faveur de la parité homme-femme s'imprimant dans la langue. La revendication féministe d'égalité universelle des carrières et des droits s'exprimait jusqu'au cœur du pouvoir, contestant la masculinité intrinsèque des hautes fonctions, récusant son expression linguistique. Cette évolution décisive apparaît dans la nature des protagonistes : aux militantes Yvette Roudy et Benoîte Groult, soutenues par la bienveillance circonspecte du président François Mitterrand, succédait une équipe ministérielle déterminée, relayée par un Premier ministre inflexible. À cette équipe, il importe de joindre le dynamisme, le savoir et les convictions de Geneviève Fraisse, laquelle, délaissant pour un temps ses études, occupa, entre novembre 1997 et décembre 1998, les fonctions de déléguée interministérielle aux droits des femmes ; elle prit une part déterminante au changement. Enfin, il est des miracles : l'accord inattendu (ainsi qu'exceptionnel en cette cohabitation rugueuse) entre un Lionel Jospin dont le féminisme (sans doute d'origine conjugale) était médité, et un Jacques Chirac charnellement républicain se séparant, une fois encore, des idées de son camp. Pour les femmes et les hommes épris d'égalité, la parité linguistique allait de soi.

Tous ne pensaient pas ainsi. Assurée de son magistère sur la langue, constante dans ses principes, certaine de détenir la vérité langagière révélée, l'Académie française s'opposait à tout changement. Comme en 1984, elle fit front. Mais avec une violence accrue : à l'évidence, un « arrêt prononcé des hauteurs de la Coupole » ne suffisait plus ; apparemment l'enjeu était de taille et justifiait que la Compagnie fît donner la troupe. Sa stratégie emprunta trois voies :

– *Les déclarations solennelles et officielles.* Dès le 9 janvier 1998, Maurice Druon, Hélène Carrère d'Encausse,

Hector Bianciotti publient dans *Le Figaro* une « Adresse au président de la République ». Le 21 mars 2002, une « Déclaration de l'Académie française » vient confirmer celle du 14 juin 1984.

– *Les interventions du secrétaire perpétuel.* Maurice Druon, très engagé, multiplie les articles et entretiens donnés au *Figaro* (dont une « Lettre ouverte au Premier ministre » le 21 avril 1999) et consacre une bonne part de son « Discours sur l'état de la langue » de la séance du 3 décembre 1998 à fustiger la féminisation.

– *Le relais des plumes « autorisées ».* Comme en 1984, mais avec plus d'ampleur, la promotion est assurée par des académiciens (Alain Peyrefitte, Jean-François Revel, Jean Dutourd, Marc Fumaroli) et des grammairiens puristes, notamment Jacques Capelovici qui consacre à la question plusieurs de ses chroniques du *Figaro*[1].

L'offensive affichait la vertu offensée, la raison piétinée, et tonitruait avec système, assourdissant les quelques voix qui, durant l'année 1998, tentèrent de se faire entendre dans la presse (Yvette Roudy, Josette Rey-Debove, Michelle Coquillat, etc.) : bien repris par les médias, le discours d'autorité donnait à plein. À l'instar de la « contre-réforme » de l'année 1984, il présentait trois visages, dont le nouveau péril dû à l'offensive de l'État, accusait les traits. Tout d'abord, la *doctrine*. Dans son adresse de 1998, la Compagnie rappelle la théorie du genre masculin « non marqué » ou « extensif », dont la paternité, désormais, est explicitement attribuée à « deux de ses membres les plus qualifiés, MM. les professeurs Georges Dumézil et Claude

1. Nous ne croyons pas faire injure à sa mémoire en rappelant que « Maître Capelo », agrégé d'anglais, connaissait mal l'histoire de la langue française ; un déjeuner en sa compagnie nous éclaira.

Lévi-Strauss ». On notera le titre professoral : l'Académie n'a pas accoutumé d'invoquer la science ; elle le fait cette fois avec vigueur. Dans sa déclaration de 2002, jugeant cette « analyse scientifique irréfutable », elle déplore « les dommages que l'ignorance de cette doctrine inflige à la langue française ». Son ardeur à répandre les Lumières trouve un appui auprès d'un autre de ses nouveaux membres, professeur au Collège de France. Succédant en somme au couple Dumézil-Lévi-Strauss dans la fonction professorale, Marc Fumaroli intervient, le 31 juillet 1998, par un long article (« La querelle du neutre ») donné au journal *Le Monde*. Ce grand professeur n'est pas linguiste, mais sa parfaite connaissance de la littérature ancienne et de sa langue aurait dû le prémunir contre une adhésion béate à la souveraineté du masculin ; il faut croire que de puissantes raisons le poussent à reprendre l'antienne du « masculin extensif » d'usage dans la « sphère publique », ainsi que le paradoxe usé de la promotion des femmes par la masculinité :

> Jusqu'à une date récente, l'ambition féminine a visé victorieusement des fonctions au masculin [...]. Mêler les genres et ignorer la transcendance des titres, ne serait-ce pas affaiblir la subtilité du langage, qui permet aux femmes de tête et de cœur de faire savoir qui, en dernière analyse, elles veulent et peuvent être ? On est en droit de soutenir que la sexualisation grammaticale des titres de la vie publique ferait disparaître, ou oblitérerait l'histoire, les effets moraux et le sens proprement politique de la victoire des femmes. Ce qu'elles ont conquis, [...] c'est de l'autorité, des responsabilités, du pouvoir. Cela se dit grammaticalement au masculin [1].

1. Marc Fumaroli, « La querelle du neutre », *Le Monde*, 31 juillet 1998.

Ces doctes leçons autorisent, ensuite, de fermes *condamnations*. Rien de la néologie féminisante ne trouve grâce aux yeux de la Compagnie, pour qui les formes morphologiquement dérivées par les linguistes de l'Inalf (*Femme, j'écris ton nom*) sont « arbitraires[1] ». La même adresse de 1998 qualifie de « contresens grammatical » l'expression « madame *la* ministre » (cette désapprobation perdure dans son dictionnaire actuel), voit une « dérive pernicieuse ou ridicule » dans « *Première* ministre », « madame *la* maire », traite de « déviations » les *auteures*, *professeures*, *écrivaines* québécoises, les *sapeuses-pompières* belges. En 2002, le ton se fait plus sévère (« barbarismes », « aberrations lexicales »), la censure plus complète :

> L'application ou la libre interprétation de « règles » de féminisation édictées, de façon souvent arbitraire, par certains organismes français ou francophones, a favorisé l'apparition de nombreux barbarismes. [...] Aussi faut-il éviter absolument des néologismes tels que *professeure*, *ingénieure*, *auteure*, *docteure*, *proviseure*, *procureure*, *rapporteure*, *réviseure*, etc. [...]. On se gardera de même d'user de néologismes comme *agente*, *cheffe*, *maîtresse de conférences*, *écrivaine*, *autrice*[2]... L'oreille autant que l'intelligence grammaticale devraient prévenir contre de telles aberrations lexicales. [...] Les termes *chevalière*, *officière* (de tel ordre), *députée*, *sénatrice*, etc., ne doivent pas être employés.

1. En 2005, dans un entretien imposé au *Figaro*, Maurice Druon vilipende encore ce « monument de stupidité ». Rappelons son persiflage : « ... une *papillonneuse*, une *pompière*, une *palpeuse*, une *tôlière*. Sans oublier, naturellement, une *sous-préfète* et une *lieutenante*. Et sans parler de l'insupportable *écrivaine* », « Non à une langue défigurée », *Le Figaro*, 29 décembre 2005.

2. Attestés dans l'histoire de la langue, les termes *agente*, *cheffe*, *écrivaine*, *autrice* ne sont aucunement des néologismes.

Une telle assurance pousse, enfin, à la *caricature*, laquelle, on le sait, est le vieux démon des querelles de langage. Tout à sa défense ardente du « bon usage », l'Académie ne se prive pas d'ironiser cruellement. Dans son « Adresse au président », elle feint de se demander s'il faudra parler de la *garde*, de la *gardienne* ou de la *gardeuse* des Sceaux ; elle doute que l'usage puisse admettre *ingénieuse* ou *proviseuse* (que personne ne songe à proposer). Condamnant *ministresse*, *proviseuse*, *médecine*, *gardienne des Sceaux*, etc., Jean-François Revel (« Le sexe des mots », *Le Point*, 11 juillet 1998) use mal à propos de son talent de polémiste. La palme de la mauvaise foi revient cependant à Marc Fumaroli. Le professeur du Collège de France quitte soudain son ton docte et s'enfièvre, brûle ses vaisseaux, tombe le masque :

> L'état actuel des genres en français [...] est-il vraiment devenu maintenant insupportable aux femmes triomphantes ? Si c'est le cas, alors de l'audace, de l'audace et encore de l'audace. Faisons notre nuit du 4-Août. Ne nous limitons pas à une réformette timide. Sexualisons à l'envers tous les titres sans exceptions, privés ou publics, sur deux colonnes. Substituons à la cohérence actuelle une cohérence de revanche. Légalisons sans frémir ces mots que les femmes avaient jusqu'ici refusés avec horreur : *notairesse*, *mairesse*, *maîtresse de conférences*, *doctoresse*, *cheffesse*, parce qu'ils riment fâcheusement avec *fesse*, *borgnesse et drôlesse*, n'évoquant la duchesse que de très loin. Tranchons entre *recteuse*, *rectrice* et *rectale*. Choisissons entre *gardeuse* et *gardienne*, entre *proviseuse* et *proviseure*, entre *procureuse* et *procureure*, entre *ingénieuse* et *ingénieure*. Trouvons un féminin pour *juge*, pour *amiral*, pour *capitaine*[1].

1. *Le Monde*, 31 juillet 2018.

Termes moqués, mais dont l'attestation est ancienne (*notairesse*, *mairesse*, etc.), néologie fantasmée (*recteuse*, *proviseuse*, etc.), rapprochements inconvenants (*rectale*) : un tel délire n'est pas étranger à l'angoisse de voir les femmes (considérées selon leur anatomie postérieure) s'émanciper, et *triomphantes*, prendre leur *revanche*. Le discours de la science laisse la place à une amère misogynie, qu'une comparaison finale, que nous n'osons commenter, prouve à l'envi :

> À moins que nous ne soyons résignés, au fond, à voir le français devenir un artificiel créole (on y dirait, comme les deuxième classe « indigènes » dans les romans Banania : « Y a bon, ma capitaine »)[1].

On ne s'aventure pas ainsi dans l'odieux sans quelque secret désespoir.

Sauver les meubles

La véhémence académique laisse planer un doute : cacherait-elle une inquiétude sur l'évolution réelle de l'usage, sur la validité d'une norme ainsi défendue bec et ongles, voire sur sa légitimité à prescrire ? Des signes ne trompent pas : l'Académie hausse le ton et s'adresse solennellement au président de la République, recours suprême (ce président de droite, il est vrai, semble trahir les siens) ; *Le Figaro*, si zélé d'ordinaire à se faire la *Pravda* du purisme, publie discrètement quelques articles qui lâchent

1. *Ibid.*

du lest[1], avant de tourner bride en 2006, malgré la tentative de recadrage de l'ancien secrétaire perpétuel Maurice Druon (29 décembre 2005). C'était trop tard ; sans doute le comprenait-on depuis longtemps…

Et l'on avait commencé une retraite feutrée. L'article de Marc Fumaroli (31 juillet 1998) est à bien des égards du plus grand intérêt pour notre propos. On y relève quelques indications qui paraphrasent fugitivement la notion, nouvelle, de « transcendance des titres ». Ainsi :

> Le sexe n'a rien à voir dans la définition grammaticale et juridique de ces rôles publics, par essence dépourvus de caractères sexuels primaires ou secondaires.

Dans le même temps, le professeur se montre tolérant envers les féminins de métiers, admettant :

> *boulangère*, *lingère*, *couturière*, *cigarière*, *romancière*[2], *avocate*, *aviatrice*, voire *chauffeuse de taxi*, etc., qui n'ont rien de commun avec des fonctions de la vie publique.

Ce faisant, il valide d'avance les conclusions de la commission générale de terminologie et de néologie, dont le rapport sera rendu le 21 octobre. Cette commission, dont il nous faut commencer à parler, fut d'une aide majeure dans le recul puriste, qui lui doit son ingéniosité tactique et sa discrétion. Après le Conseil des ministres du 17 décembre 1997, le Premier ministre, en quête d'expertise sur la féminisation des noms, s'était naturellement tourné vers les cher-

1. Ainsi : Philippe de Saint-Robert, « L'Académie se trompe de cible », 2 juillet 1998 ; Véziane de Vezins, « L'Académie française fulmine. Le féminin s'impose », 9 juillet 1999.

2. Même au sujet de Marguerite Yourcenar ?

cheurs de l'Inalf. On sut toutefois lui rappeler l'existence du dispositif ministériel d'enrichissement de la langue, doté d'une commission traitant des questions générales de néologie, ayant à sa tête un conseiller d'État. La féminisation relevait clairement de son domaine ; elle devait en recevoir au premier chef la mission d'examen. Dans sa circulaire du 6 mars 1998, avant de confier à l'Inalf la préparation d'un guide (« qui fera l'objet d'une large diffusion »), le Premier ministre commande une « étude » à la commission :

> Pour accélérer l'évolution en cours, j'ai demandé à la commission générale de terminologie et de néologie de mener une étude qui, à la lumière des pratiques passées et des usages en vigueur dans d'autres pays francophones, fera le point sur l'état de la question. La commission pourra s'appuyer notamment sur les travaux accomplis en 1984 et 1985 par la commission pour la féminisation des noms de métier et de fonction.

Lionel Jospin ne passe pas pour un maître de l'ironie, bien à tort. Apprécions ce Premier ministre à la main quelque peu forcée qui, en retour, dans le désir d'*accélérer* l'évolution actuelle, invite à tenir compte des pratiques passées (la féminisation aisée de l'ancienne langue !) et des usages francophones (la féminisation québécoise !), à s'appuyer sur les travaux de la (honnie) commission Groult – un Premier ministre, donc, qui mandate en ces termes un comité que préside Gabriel de Broglie, haut fonctionnaire connu pour sa minutieuse sagacité, homme de lettres ne pouvant rien refuser à une Académie française qui l'accueillera trois ans plus tard. Nous verrons que parler de tutelle académique sur la commission générale est une litote. Toujours est-il que la commission mène son étude avec le sérieux de son président et de son « rapporteur général, auditeur au Conseil d'État », une femme en fait, qui fut d'abord agrég*ée* de philosophie ; elle rend, le 21 octobre 1998, un rapport d'une soixantaine de pages [1]. Un bon état des lieux (compétence de la commission, nature de la politique linguistique, pratiques francophones, morphologie dérivationnelle féminisante, examen, malheureusement confus, de la notion de générique) aboutit au chapitre ultime et crucial : « Les conséquences juridiques et institutionnelles de la féminisation ». S'y donne à lire la thèse centrale, qui redéfinit la norme et tente de la sauver de l'aveuglement autoritaire : distinguer les métiers des fonctions publiques. La commission ne voit aucun mal à féminiser les noms de métier et de profession (ce que la langue française pratique librement, il est vrai, depuis un millénaire !) :

> La commission constate qu'il n'y a pas d'obstacle de principe à une féminisation des noms de métier et de profession. Cette féminisation s'effectue d'elle-même tant dans le secteur privé que dans le secteur public où l'usage l'a déjà consacrée dans la quasi-totalité des cas [2].

Il n'en est pas de même pour le service de l'État, qui ignore par principe la différence des sexes :

> Elle exprime, en revanche, son désaccord avec toute féminisation des désignations des statuts de la fonction publique et des professions réglementées [3].

1. « La féminisation des noms de métier, fonction, grade ou titre », rapport de la commission générale de terminologie et de néologie, octobre 1998.
2. P. 3.
3. *Ibid.*

La fonction publique est exercée par un sujet de droit, que l'on dénomme au masculin à valeur de neutre. L'accès des femmes aux éminentes responsabilités publiques s'accompagne d'une nécessaire soumission au genre masculin, laquelle est présentée comme une promotion ; le texte s'autorise une conclusion féministe :

> La valeur générique du masculin a ses raisons linguistiques. Le principe de neutralité des fonctions, titres et grades a ses raisons juridiques et politiques. Contester la première, c'est irrémédiablement faire vaciller le second. Il est probable qu'à trop vouloir marquer la différence des sexes par la féminisation, on risque d'être infidèle au principe républicain de l'indifférence des sexes dans l'exercice des fonctions. Il ne faudrait pas que, de cette infidélité, les femmes payent le plus lourd tribut [1].

Le rapport de la « Cogéter » est d'une circonspection extrême : il prend ses exemples principalement dans les textes juridiques (statuts, décrets, etc.) dont, comme nous l'avons vu, la généricité va de soi. Mais il requiert de fait l'usage du masculin pour la désignation des personnes exerçant ces fonctions publiques. La commission reformule ainsi la norme sous forme de masculin républicain : l'autorité académique va en faire son miel.

La Compagnie cède du terrain en abandonnant les métiers. Dans l'adresse de 1998, elle le fait maladroitement :

> Si l'usage s'est établi depuis longtemps de formes féminines dans les noms du négoce : *boulangère*, *charcutière*, *épicière*, ou dans l'enseignement : *institutrice*, *directrice*, on ne voit pas que le même usage puisse intégrer une *ingénieuse* ou une *proviseuse*.

1. P. 50.

Valider *boulangère*, *charcutière*, *épicière*, etc., en s'en prenant à des néologismes de pacotille, est futile, quand on peut faire appel à une distinction conceptuelle judicieusement proposée par la commission générale. On voit cette notion pénétrer le discours académique, d'abord chez Marc Fumaroli, trois mois avant la remise du rapport ; il parle avec élégance de la « transcendance des titres » et, plus vaguement, de « ces rôles publics, par essence dépourvus de caractères sexuels », ainsi que des « fonctions de la vie publique ». La déclaration de 2002 est explicite, qui se réfère (en l'approuvant) à la Cogéter, laquelle « déconseillait fortement la féminisation des noms de titres, grades et fonctions, par distinction avec les noms de métiers, dont le féminin découle de l'usage même ». Cette distinction devient la doxa normative, chez un Alain Peyrefitte :

> Selon un usage ancien et constant, confirmé par la Constitution et par l'Académie française : usage qui consiste à considérer ces expressions comme désignant de hautes fonctions invariables, qu'elles soient occupées par un homme ou par une femme [1].

comme chez Maurice Druon, qui attire l'attention du Premier ministre sur « les dangers d'une féminisation abusive des noms de fonctions, titres et grades » :

> Ce rapport de cinquante pages, qui vous a été remis le 21 octobre 1998, confirmait que les noms de métiers pouvaient être très généralement féminisés, mais que les noms de fonctions publiques, titres et grades ne pouvaient l'être sans porter

1. « Monsieur le président, je proteste ! Lettre à René Monory », *Le Figaro*, 7 juillet 1998.

atteinte aux règles de la langue française et aux principes du droit[1].

Telle est donc la nouvelle norme que défend l'Académie. Mesurons le chemin parcouru depuis 1984. Dans la déclaration du 14 juin de cette année, en réponse aux travaux de la commission Groult, il n'est question que du vocabulaire des métiers. Rappelons la stupéfiante suggestion qu'on y trouve : afin de promouvoir l'égalité des hommes et des femmes, il conviendrait de *masculiniser* les dénominations professionnelles avec ardeur :

> Il en résulte que, pour réformer le vocabulaire des métiers et mettre les hommes et les femmes sur un pied de complète égalité, on devrait recommander que, dans tous les cas non consacrés par l'usage, les termes du genre dit « féminin » – en français, genre discriminatoire au premier chef – soient évités ; et que, chaque fois que le choix reste ouvert, on préfère pour les dénominations professionnelles le genre non marqué[2].

La théorie structurale du « genre non marqué » énoncée dans cette déclaration concerne la langue dans son ensemble ; une distinction des métiers et des fonctions publiques n'y trouve aucune pertinence. C'est donc une singulière torsion qu'on apporte, dix-huit ans plus tard, à cette « analyse scientifique irréfutable ». L'Académie, « sans revenir sur les arguments qu'elle exposait en 1984 et auxquels elle reste attachée », recommande benoîtement, dans sa déclaration de 2002, l'emploi du « genre non marqué » (ou « masculin générique ») pour « les titres,

1. « Lettre ouverte à M. le Premier ministre sur la langue française », *Le Figaro*, 21 avril 1999.
2. Déclaration de l'Académie française, 14 juin 1984.

grades et fonctions ». On doit en conclure que les noms de métiers et de professions viennent de se soustraire, par dizaines de milliers, à l'impérieuse théorie du genre énoncée par les deux professeurs. Les vertus de cet escamotage se laissent apercevoir : grâce à la commission de terminologie, le droit (neutralité des fonctions) est venu préciser la pensée structurale de la langue, afin d'opposer une fin de non-recevoir circonstanciée à la volonté gouvernementale de féminiser les fonctions publiques, même les plus éminentes. On se doute que le rapport de la commission générale ne convainquit pas le Premier ministre, au grand dépit de l'Académie française, qui ne cesse depuis d'exprimer avec chagrin son attachement au rapport et à ses préconisations.

Si la nouvelle norme est tactiquement habile, elle reste déparée de défauts irrémédiables. Elle est d'abord des plus inconséquentes. Si la féminisation des métiers et professions n'est plus hors la loi et « découle de l'usage même », de quelle autorité condamne-t-on son progrès ? La déclaration de 2002 ordonne d'« éviter absolument » une série de « néologismes », dont *ingénieure*, *auteure*, *docteure*, *réviseure*, *agente*, *cheffe*, *écrivaine*, *autrice*, qui désignent des professions qui ne sont visées en rien par la Cogéter et la norme qu'elle a reformulée ; les habitudes conservatrices, le refus spontané de l'innovation lexicale ont la vie dure… Ensuite, la position académique renouvelée manque de consistance. Une ultime déclaration, en date du 10 octobre 2014, n'apporte rien de neuf sur le fond. Elle rappelle les textes fondateurs (analyse de Lévi-Strauss et Dumézil, rapport de la Cogéter), ainsi que les thèses essentielles : genre masculin « non marqué » ; féminisation aisée des métiers par l'usage ; refus de féminiser « les fonctions qui sont des mandats publics ou des rôles sociaux distincts de leurs titulaires ». Elle innove toutefois, en adoptant une suggestion passée inaperçue, dont la Cogéter avait habilement nuancé son propos. L'indifférence juridique et politique au sexe des individus

> peut s'incliner, toutefois, devant le désir légitime des individus de mettre en accord, pour les communications qui leur sont personnellement destinées, leur appellation avec leur identité propre.

En d'autres termes, « dans la vie courante et à la demande expresse des personnes », la féminisation du titre peut être admise. Façon distinguée de rendre les armes. Dans l'adresse de 1998, se faire appeler « madame *la* ministre » était un « contresens grammatical », qui allait de surcroît à l'encontre de la cause des femmes. Cette appellation devient désormais, dans les échanges ordinaires, légitime et licite ; et par suite les formules « *madame la préfète*, *la rectrice*, etc. », clés de voute de la norme puriste. Comme le remarquait récemment à ce sujet un attentif grammairien belge : « Les contorsions argumentatives des Immortels donnent le tournis[1]. » Il est vrai qu'entre Bastogne et Liège on ne pratique guère un tel rétropédalage. Enfin, défaut sans doute le plus grave, la norme redéfinie frappe par son imprécision. L'idée en est belle : désigner de façon neutre les fonctions qui neutralisent les sexes. Mais de quelles fonctions s'agit-il ? Nous avons vu tour à tour les expressions « rôles publics », « fonctions de la vie publique », « hautes fonctions », « fonctions

1. Michel Francard, *Vous avez de ces mots... Le français d'aujourd'hui et de demain*, Éditions Racine, 2018.

publiques, titres et grades », voire « fonctions d'autorité, grades militaires et honorifiques »[1].

La commission générale elle-même varie dans ses objets : « fonctions publiques ; professions réglementées ; fonctions publiques, titres et grades ; fonctions qui sont des mandats publics ou des rôles sociaux distincts de leurs titulaires ». Faute d'en proposer une compréhension claire, le rapport aurait pu, en extension, donner une liste des emplois visés. Une comparaison des diverses formulations de cette « nouvelle norme » laisse des interrogations sans nombre. Le mandat électif est-il concerné ? Dans ce cas, on se doute que le masculin générique est requis pour les élus(e)s du Sénat et de l'Assemblée nationale. Mais « madame le conseiller régional » ? « Madame le conseiller municipal » de mon village ? Pour ce qui est de l'État, la commission générale évoque, dans l'esprit d'une neutralité républicaine, « les différents corps des fonctions publiques et les différentes professions réglementées ». Cela fait beaucoup de monde et concerne, dans cette rédaction, les catégories A, B, C et D. Doit-on dire « madame le conseiller de préfecture » ? « Madame l'inspecteur des impôts » ? Le conflit est patent entre la définition juridique, très large, de la nouvelle norme et la mondanité du discours puriste, lequel ne semble se soucier que des ministres, préfets, recteurs, ambassadeurs.

L'appel à l'égalité républicaine devant les emplois de la fonction publique cache en fait une défense masculine de ce que Pierre Bourdieu nommait « la noblesse d'État ». Le « masculin neutre et générique », tel que défini par Lévi-Strauss et Dumézil, revu par de Broglie, ne concerne, en fait, que la « très haute fonction publique », ultime redoute mas-

1. Maurice Druon, « Non à une langue défigurée », *Le Figaro*, 29 décembre 2005.

culine que des hussardes venaient d'emporter[1]. Le champ d'application de la nouvelle norme ne se définit pas de façon linguistique ni juridique ; c'est un champ de bataille. Sa définition requiert de l'audace ; Maurice Druon en eut.

En juin 1999, comme l'Académie française témoignait d'une mauvaise volonté opiniâtre, accrue par la publication de *Femme, j'écris ton nom*, un déjeuner de concertation avec le secrétaire perpétuel fut organisé dans les services du Premier ministre. Y participèrent notamment, outre le perpétuel et son directeur de cabinet Laurent Personne, David Kessler (conseiller du Premier ministre pour la Culture et la Langue), Pierre Encrevé (éminent sociolinguiste ayant occupé les mêmes fonctions auprès du Premier ministre Michel Rocard) et le directeur de l'Institut national de la langue française, auteur de ces lignes ; le souvenir n'en est pas encore sorti des mémoires, car le déjeuner se conclut de façon spectaculaire. À la fin du repas qu'il avait largement arrosé de l'excellent bordeaux qui honore la cave du Premier ministre, lassé de nos arguments linguistiques et sociaux réitérés, Maurice Druon, se tournant vers David Kessler, lui déclara : « Faites savoir à votre patron [les libations excusent la crudité du terme] la position finale de l'Académie : énonciation au masculin des nominations en Conseil des ministres ; les autres emplois, je m'en fiche [il usa d'un autre verbe]. » Conseiller d'État, David Kessler ne put masquer sa stupeur devant une proposition si baroque, que le droit ni la grammaire ne justifiaient. Elle avait pour

1. Comme l'écrit le linguiste Paul Garde : « Ainsi s'est créée une sorte de nomenklatura, englobant tout au plus quelques dizaines de hautes dignités investies de ce que Marc Fumaroli appelle la « transcendance des titres », et prétendant échapper à la loi générale de la féminisation, qui touche des milliers de termes », « Les mots vieux garçons. Réponse à Marc Fumaroli », *Le Monde*, 11 août 1998.

elle une lumineuse franchise : faute de pouvoir encore les réserver aux hommes, il fallait maintenir sous l'emprise du masculin les plus hautes dignités de l'État. Les analyses structurales et juridiques, les appels à un « usage ancien et constant », les arguties puristes cachaient la sauvegarde en France d'un bon vieux pré carré de mâles.

Les raisons d'un combat inopportun

Pourquoi l'Académie, suivie de ses épigones puristes, s'est-elle enferrée dans ce combat douteux ? Bien des choses l'y poussaient, quasi naturellement : le conservatisme (qui recèle une aversion pour la néologie), l'ignorance de l'histoire de la langue (qui fait prendre pour un usage ancien ce qui n'était qu'une pratique de circonstance), la misogynie (flagrante chez les académiciens, qu'elle soit diffuse ou assumée), une certaine adhésion féminine (naïve ou résignée) au discours misogyne, la défense tenace des prérogatives institutionnelles. Cette dernière raison nous paraît décisive. La version française de la féminisation francophone est intégralement une affaire d'autorité : il n'y est question que du pouvoir sur la langue et de la langue du pouvoir ; on s'y affronte au sujet des hautes nominations ; on y débat âprement de tutelle.

Le 6 octobre 2014, s'adressant à Sandrine Mazetier, vice-présidente de l'Assemblé nationale, alors qu'elle présidait la séance, le député Julien Aubert, qui ne passait pas pour détester la provocation, commença par un sonore « madame *le* Président ». Rappelé à l'ordre par la présidente, il maintint sa formule, au motif qu'elle suivait la norme académique ; ayant refusé d'obtempérer, le député se vit menacer de perdre le quart de son indemnité parlementaire mensuelle, soit 1 378 euros. Quatre jours plus tard, *Le Figaro* publiait une lettre ouverte au président de l'Assemblée ; signée par les députés François Fillon et Henri Guaino, cosignée par 140 députés de l'opposition, elle n'adoptait pas un ton mesuré :

> En effet, comme l'a fait remarquer le député Julien Aubert, en français « la présidente » désigne la femme du président [...]. La mise à l'amende d'un député pour s'être exprimé correctement en français dans l'enceinte de l'Assemblée nationale française signifierait-elle que l'Assemblée s'arroge désormais le droit de fixer les règles de la langue, ce qui nous amènerait aux portes du totalitarisme ? Faudra-t-il dire aussi demain dans nos débats, sous peine de sanctions : « procureure », « rapporteure », « défenseure », « professeure » ? L'effroyable sonorité de ces mots n'exprime-t-elle pas assez le martyre que fait subir aux Français l'idéologie de la féminisation à outrance des fonctions, si étrangère à l'une des plus belles langues du monde, forgée par mille ans de civilisation et de culture [1] ?

Ce morceau d'anthologie (le féminin conjugal intrinsèque à la langue ; la féminisation néfaste ; l'effroyable laideur néologique ; etc.), où l'on reconnaît la plume flamboyante de Henri Guaino, ne date que de quatre années ; il paraît si vieux... Sa seule nouveauté réside dans la dénonciation d'une Assemblée « fixant les règles de la langue ». Car c'est au nom du règlement intérieur de l'Assemblée nationale que la vice-présidente a réagi. Ce règlement, validé par le Conseil constitutionnel, comporte une « Instruction générale du bureau », dont l'article 19

1. « M. Bartolone, désavouez Mme Mazetier ! », *Le Figaro*, 10 octobre 2014.

(adopté le 14 mai 1998) dispose que « les fonctions exercées au sein de l'Assemblée sont mentionnées avec la marque du genre commandé par la personne concernée ». Il va de soi que *procureure*, *défenseure*, *professeure* (cités par les pétitionnaires) ne sont pas des fonctions parlementaires ; l'Assemblée n'entend pas « fixer les règles de la langue », comme le prétendent les irascibles élus du peuple : elle décide seulement, souverainement et légalement (ce règlement intérieur a une longue histoire juridique au sein de la Ve République) de ses propres appellations. Le conflit est néanmoins patent avec la position de l'Académie française, à laquelle Julien Aubert et les auteurs de la supplique se sont référés. Celle-ci publie, le 10 octobre, une mise au point que nous avons évoquée et qui trouve ici son explication. La Compagnie est prise à témoin, invitée à trancher ; elle s'exprime. On est loin toutefois d'un « arrêt prononcé des hauteurs de la Coupole », des anathèmes et des habituelles leçons. Comme nous l'avons vu, après avoir rappelé sa conception « Dumézil-Cogéter » d'un masculin générique « républicain », elle se montre, in fine, soudainement conciliante. Les termes (certains sont imprimés en gras) en valent d'être cités :

> Cependant, la commission générale de terminologie et de néologie considère – et l'Académie a fait siennes ces conclusions – que cette indifférence juridique et politique au sexe des individus « peut s'incliner, toutefois, devant le désir légitime des individus de mettre en accord, pour les communications qui leur sont personnellement destinées, leur appellation avec leur identité propre ». Elle estime que, « s'agissant des **appellations utilisées dans la vie courante** (entretiens, correspondance, relations personnelles) concernant les fonctions et les grades, rien ne s'oppose, **à la demande expresse des individus**, à ce qu'elles soient mises en accord avec le sexe de ceux qui les portent et

soient féminisées **ou** maintenues au masculin générique selon le cas.

Les temps ont changé, la Compagnie ne vole pas au secours de Julien Aubert ; elle calme le jeu, tolérant par exception un usage privé, oral, courtois de la féminisation, avec les dames qui le souhaitent. La guerre est finie ; elle a duré trente ans. Mais la paix des braves ainsi proposée cache un abandon : depuis 1984, la norme proclamée n'a cessé de se restreindre et de s'assouplir (le masculin est exigé pour les métiers comme pour les fonctions ; puis pour les emplois publics ; ensuite pour les fonctions publiques éminentes ; enfin pour le seul écrit institutionnel relatif à ces fonctions) ; sa définition devient évanescente. Cet aimable apaisement recouvre ensuite une défaite. Car ce n'est pas à sa « demande expresse », « pour les communications qui [lui] sont personnellement destinées » et en vue d'un emploi « dans la vie courante » que Sandrine Mazetier a souhaité qu'on l'appelât « madame *la* présidente » ; tout au contraire, elle exigeait cette appellation strictement dans ses fonctions et conformément au règlement. La bienveillante tolérance académique met à côté de la plaque, impuissante sans doute à reconnaître que la désignation des fonctions parlementaires n'est plus de son ressort ; en d'autres termes que l'usage lui échappe et se plie à d'autres lois.

Comment comprendre en effet que tant de bons esprits n'aient pris le temps de réfléchir, la peine de s'informer, le soin de débattre ? Dès 1984, la Compagnie et ses imitateurs s'engagent dans une attaque frontale de la féminisation, dont la violence hautaine et l'obstination aveugle la conduisent à l'impasse d'où, nous venons de le voir, elle tente de s'extraire. Ne mésestimons pas la misogynie de cette « tribu de vieux mâles » ; faisons la part des excès d'un Maurice Druon, secrétaire perpétuel, usant en despote d'un pouvoir régalien sur la langue (nous y reviendrons). Mais un refus si unanime traduit une réaction de corps : l'Académie française a vu dans la féminisation une mise en cause de son statut, de ses missions, de son pouvoir. Trois chagrins sont à la source de son émoi.

Le plus ancien, sur lequel nous ne nous étendrons pas ici, est l'essor de la linguistique. Celle-ci se fonde en science au XIXe siècle, porte un regard non normatif sur la langue, accumule des savoirs sur son histoire, et se permet de suggérer des changements. La « réforme de l'orthographe », notamment, dès la fin du siècle, oppose une Compagnie frileuse (et animée, il est vrai, par le « parti des ducs ») aux savants de la Sorbonne (ardemment républicains, certes, ce qui ne fluidifie guère le dialogue)[1]. La publication, en 1932, de la désastreuse *Grammaire* de l'Académie française, réduite en miettes par les universitaires, acheva de brouiller la Compagnie avec la linguistique. Pour faire court, constatons que la campagne de 1984 reçut l'approbation des linguistes québécois, belges, suisses, celle de 1997 bénéficia de la caution scientifique d'un laboratoire du CNRS, l'Institut national de la langue française, qui publie un guide de féminisation pour lequel l'Académie n'a pas de mot assez cruel[2]. La rivalité (à fleurets mouchetés) de cet Institut avec la commission générale

1. Nina Catach, « La bataille de l'orthographe aux alentours de 1900 », *in* Gérald Antoine et Robert Martin (dir.), *Histoire de la langue française, 1880-1914*, CNRS, 1985, p. 237-251.

2. « Ne vit-on pas une excroissance du CNRS, l'Institut national de la langue française, destinée à la compilation lexicale, servir de caution à M. Jospin pour imposer, contre l'avis de l'Académie, l'aberrante, la vicieuse,

de terminologie et de néologie (liée à l'Académie) est révélatrice. On comprend par suite pourquoi la Compagnie tint à faire appel, en 1984, à des savants autochtones, à vanter par la suite leur « analyse scientifique irréfutable », à s'y référer avec constance. Nous l'avons dit, l'œuvre des « professeurs Georges Dumézil et Claude Lévi-Strauss » est immense et force l'admiration universelle ; mais elle ne touche pas à la langue française[1], dont les spécialistes (de Ferdinand Brunot à André Goosse) se montrèrent favorables à la féminisation. Mais peu importe : l'institution du quai de Conti avait la science avec elle, une science éblouissante et auguste, propre à éteindre les polémiques comme à freiner les innovations[2].

Le développement de la francophonie est, pour l'institution du quai de Conti, un paradoxal chagrin. Elle ne peut que se réjouir de l'universalisation de la langue française ; elle doit s'alarmer devant l'autonomie de ses locuteurs. Or, comme le dit crûment Maurice Druon, la féminisation, c'est « une affaire de Huronnes[3] ». En termes plus choisis, la

---

l'absurde féminisation des noms de fonction ? », Maurice Druon, « Non-assistance à la langue en danger », *Le Figaro,* 4 février 2004.

1. L'académicien Maurice Schumann était plus avisé quand, dans sa jeunesse, il parlait au micro de Radio-Londres : « Mon amie Benoîte Groult ignore semble-t-il que parmi les membres de l'Académie française figure le plus célèbre grammairien du monde : le professeur Georges Dumézil », *Le Quotidien de Paris*, 18 juillet 1984.

2. C'est ainsi que le perpétuel français entendit faire la leçon à son homologue belge : « J'ajoute que cette déclaration, que nous appelons volontiers "l'arrêt Dumézil-Lévi Strauss", a été rédigée par ces deux éminents savants, dont la compétence, en cette matière comme en d'autres, n'a jamais été mise en doute », lettre ouverte à Jean Tordeur, 1er février 1994.

3. « Non à une langue défigurée », *Le Figaro*, 29 décembre 2005. Rappelons la déclaration définitive dont il commente sa formule : « J'ai une profonde affection pour les Québécois. Mais ce n'est pas chez eux que j'irai prendre des leçons de langage. »

Compagnie, dans ses déclarations, ne manque pas d'observer qu'elle ne saurait valider des formes créées au Québec, en Belgique ou ailleurs. Dans un beau discours prononcé (ironiquement, sous la Coupole) le 20 mars 2018, journée internationale de la Francophonie, le président Emmanuel Macron affirmait : « Le français s'est au fond émancipé de la France ; il est devenu cette langue monde, cette langue archipel… » Il poursuivait :

> Nous passons de l'idée ancienne d'une francophonie qui serait la marge de la France à cette conviction que la francophonie est une sphère dont la France, avec sa responsabilité propre et son rôle historique, n'est qu'une partie agissante, volontaire, mais consciente de ne pas porter seule le destin du français.

Ces accents à la Édouard Glissant expriment une vision juste et généreuse de cette langue désormais mondiale ; la conséquence, toutefois, se devine. Pour reprendre les termes présidentiels : le français s'est au fond émancipé de la norme française, et de l'autorité qui l'édicte. La gloire mondiale de cette langue est le deuil éclatant du purisme. Qu'elle ne soit plus en mesure de « donner des règles certaines à notre langue » (statuts de 1635) universellement valables et respectés, l'Académie l'avait en fait compris dès les années 1980 ; elle s'efforça avec vigueur de préserver au moins son emprise sur l'Hexagone.

Mais elle connut en cela une troisième amère déception : l'État se mêlait de la langue. Que des locutrices françaises adoptassent des pratiques québécoises, l'autorité de prescription pouvait y mettre bon ordre ; mais qu'elles y fussent encouragées par le gouvernement était inacceptable. Dépossédée, l'Académie répondit par l'unanime violence d'une institution trahie. Cet effroi est le fil rouge des diverses interventions académiques, et la raison profonde de son refus. Un ancien perpétuel l'avoue sans ambages :

> Reste donc que régir la langue appartient à l'Académie, et à elle seule, et non au gouvernement. Comment se fait-il que, contre elle, la féminisation ait été imposée ? Par un acte arbitraire de Lionel Jospin, Premier ministre, acte que je n'hésite pas à qualifier d'abus de pouvoir[1].

Dans ses déclarations officielles, la Compagnie est plus policée, mais non moins ferme dans le rappel constant de ses statuts et prérogatives, de son exclusivité en matière de langage :

> Nous nous permettons de rappeler que le décret du 3 juillet 1996, pris en conséquence de la loi de 1994 sur l'emploi de la langue française, dite loi Toubon, confirme l'Académie française dans son rôle séculaire de cour statuant en dernier ressort sur les matières de terminologie et de néologie[2].

Signe des temps, la plus récente intervention académique prend de la hauteur et du recul, mais manque à bien définir le rôle de l'institution :

> **Or aucun texte ne donne au gouvernement le pouvoir de modifier de sa seule autorité le vocabulaire et la grammaire du français**. Nul ne peut régenter la langue, ni prescrire des règles qui violeraient la grammaire ou la syntaxe : elle n'est pas en effet un outil qui se modèle au gré des désirs et des projets

1. Maurice Druon, « Non à une langue défigurée », *Le Figaro*, 29 décembre 2005.
2. « Adresse au président de la République », *Le Figaro*, 9 janvier 1998.

politiques. Les compétences du pouvoir politique sont limitées par le statut juridique de la langue, expression de la souveraineté nationale et de la liberté individuelle, et par l'autorité de l'usage qui restreint la portée de toute terminologie officielle et obligatoire. **Et de l'usage, seule l'Académie française a été instituée « la gardienne »** [1].

S'il s'orne d'un féminin *new look* (« la gardienne »), ce texte pose deux problèmes. Celui, très général, de la possibilité et de la légitimité d'une intervention sur la langue dans une démocratie ; l'Académie, à bon droit, se garde du danger totalitaire : « nul ne peut régenter la langue ». Celui, ensuite, de sa fonction au sein de notre société démocratique : « Et de l'usage, seule l'Académie française a été instituée "la gardienne". » Mais garder la langue, la protéger de toute innovation indue, n'est-ce pas la régenter, la régir, pour reprendre le terme de Maurice Druon ? On touche ici la question, au fond jamais résolue et qui sera traitée ailleurs, du rapport de l'Académie à l'usage[2]. Au début du XXe siècle, la Compagnie s'en déclarait, avec un masculin d'époque, « le greffier » ; elle s'en dit aujourd'hui « la gardienne » ; elle en fut, aux siècles passés, l'énergique artisan (pensons à l'orthographe, fondée puis, à plusieurs reprises, réformée par elle : faire passer autoritairement, comme en 1835, les imparfaits de *-ois* à *-ais* n'était pas vraiment se soumettre à l'usage !). Toujours est-il que, comme dans une blague juive, « nul ne peut régenter la langue », mais seule l'Académie a le droit de le faire ; et surtout pas l'État.

Nous en donnerons deux illustrations, positive et négative. Durant l'été 1989, le Premier ministre Michel Rocard

1. Mise au point, 10 octobre 2014 ; nous respectons les caractères gras.
2. Bernard Cerquiglini, *Un magistère équivoque : l'Académie française et la langue (1635-2018)*, en préparation.

accomplit une prouesse diplomatique bien digne de son succès en Nouvelle-Calédonie. Il associa, en faveur d'une modeste réforme de l'orthographe, les partenaires dont nous venons de voir la rivalité : les francophones (représentés par les conseils de la langue), les diverses autorités morales en matière de langue, réunies au sein d'un Conseil supérieur de la langue, les linguistes (les meilleurs spécialistes de l'orthographe, formant un comité d'expert : Nina Catach, André Martinet, Josette Rey-Debove, André Goosse, Charles Muller, etc.), l'administration (représentée par la nouvelle délégation générale à la langue française, coordinatrice, notamment, de la production terminologique officielle), enfin et d'abord l'Académie française.

Un officieux petit déjeuner, au printemps, entre Michel Rocard et Maurice Druon, avait scellé l'accord. L'Académie, qu'effrayait un projet de réforme étendue porté par le Syndicat national des instituteurs (lequel savait se faire entendre d'une gauche qu'il avait contribué à élire), comprit que des aménagements mesurés, tels qu'elle avait su les mettre en œuvre, valaient mieux qu'un raz-de-marée simplificateur : les professeurs Nimbus de la recherche scientifique étaient plus fréquentables que les hordes d'instits socialos et barbus. Loin des affrontements idéologiques, un espace s'ouvrait à des échanges sereins, en vue d'un progrès consensuel et modéré, rapprochait l'autorité (l'Académie) et le prestige du savoir (les linguistes), impliquant sans exclusive les professions concernées (enseignants, éditeurs, correcteurs, etc.). Marier la loi et la science, sous l'œil attendri de la société civile : le rocardisme était à son affaire. Le secrétaire perpétuel également : membre de droit de Conseil supérieur, où il se chargea du dossier de cette « réforme », assurant volontiers l'interface entre les experts et les académiciens, Maurice

Druon rapporta le texte de ces « rectifications » devant le Conseil supérieur (séance du 3 avril) puis devant l'Académie (qui le vota, dans un premier temps, à l'unanimité, le 3 mai 1990), en fit la présentation, le 19 juin, au Premier ministre, préalablement à une publication le 6 décembre 1990. L'affaire fut menée rondement, grâce à l'engagement, pour ne pas dire l'activisme du perpétuel, puis à son courage devant l'accueil mitigé fait à ces « rectifications », et la volte-face de certains de ses confrères. « Les gaullistes, nous disait-il à l'époque [nous animions le groupe des experts], ne sont pas des conservateurs. » Certes ; mais à condition qu'ils conduisent le progrès.

La fabrication terminologique fournit un second exemple, moins heureux mais très éclairant pour notre propos, des ambitions de la Compagnie. Qu'on veuille bien nous suivre dans cette étude de machinerie réglementaire : le diable gît dans le détail administratif. Nous avons parlé plus haut du dispositif de « commissions ministérielles de terminologie », créé par le décret du 7 janvier 1972 (signé du Premier ministre Chaban-Delmas) ; c'est ce dispositif que l'on tenta de compléter, en 1984, par la « commission de terminologie relative au vocabulaire concernant les activités des femmes », présidée par Benoîte Groult[1]. Ces commissions, issues de comités d'ingénieurs et de techniciens, s'occupaient de lexiques spécialisés : pétrochimie, télédétection aérospatiale, ingénierie nucléaire, etc. Le décret avait reçu un avis positif de l'Académie, qui borna à cette approbation son intérêt pour la néologie technique. Il convenait que ces commissions de terminologie, fonctionnant en toute indépendance, fussent coordonnées. Ce fut

1. Nous renvoyons de nouveau à l'étude irremplaçable de Loïc Depecker, *L'Invention de la langue. Le choix des mots nouveaux*, *op. cit.*

l'œuvre d'un décret, daté du 11 mars 1986 : il installait auprès du commissariat général (devenu plus tard délégation générale) à la langue française une commission générale de terminologie. Celle-ci recevait une triple mission : traiter les termes ne relevant pas d'une commission existante, notamment ceux de la langue générale ; résoudre les conflits entre commissions (qui pouvaient suggérer des termes différents pour un domaine partagé) ; intervenir en urgence. Cette commission générale prenait de l'importance ; elle articulait un système fonctionnant à l'horizontale : chaque commission, ministérielle ou générale, produisait des listes devenues, par les soins du commissariat général, et après avis (*toujours* sollicité) de l'Académie française, des arrêtés de terminologie publiés au *Journal officiel* par le ministre intéressé. Étant donné les tâches confiées à la commission générale, la composition en était des plus larges. Présidée par le commissaire général (puis par le délégué général ; occupant cette fonction entre 1989 et 1993, nous eûmes cet honneur), elle comprenait, outre des experts, des représentants des ministères, de l'Afnor, etc., et surtout de l'Académie française : c'est dans ce décret que la Compagnie fait son entrée explicite au sein du dispositif.

Cette arrivée s'opère à la commission générale pour deux raisons. Cette instance traitant principalement de la langue commune, l'Académie y est plus à l'aise avec *accroche publicitaire*, *lait frappé*, *tenue de sport*, *turboglisseur*, *tableau papier*, *succès de librairie* (pour citer quelques termes examinés à la première séance, du 18 juin 1986) qu'avec, par exemple, le lexique des composants électroniques. Cette commission, ensuite, ayant faculté de trancher en cas de conflit, possède un embryon d'autorité qui ne demande qu'à s'exercer et à s'accroître. La commission générale devient un enjeu pour qui possède une stratégie et entend la mettre en œuvre ; ce sera le rôle du fameux décret du 3 juillet 1996.

Il s'agit du texte dont l'Académie, avec un peu d'aigreur, rappelle l'existence au président de la République :

> Nous nous permettons de rappeler que le décret du 3 juillet 1996 [...] confirme l'Académie française dans son rôle séculaire de cour statuant en dernier ressort sur les matières de terminologie et de néologie [1].

Ce nouvel acte administratif, auquel la Compagnie est si attachée, possède un double effet. Tout d'abord, faire pivoter l'ensemble du dispositif, de l'horizontale à la verticale. À cette fin, la commission générale reçoit son bâton de maréchal : elle est traitée dès l'article 2 du décret ; elle acquiert une autorité sur les autres commissions, qui ne sont plus ministérielles mais *spécialisées*, travaillant en amont de la générale et à son profit – toutes leurs listes lui sont soumises (article 8) ; elle est ôtée à la délégation générale à la langue française (qui ne coordonne plus que les commissions spécialisées), pour être placée auprès du Premier ministre (article 2) ; son président, qui n'est plus le délégué général, est nommé par arrêté du Premier ministre (article 3). Le fonctionnement est désormais strictement vertical : la préparation d'un arrêté de terminologie suit désormais une hiérarchie d'avis statutaires. Le second effet du décret du 3 juillet 1996 frappe par son évidence : il officialise et accroît le rôle de l'Académie française. Cette emprise tient à un concours de circonstances habilement

1. « Adresse au président de la République », *Le Figaro*, 9 janvier 1998.

exploité. L'invalidation par le Conseil constitutionnel de certaines dispositions de la loi du 4 août 1994 (dite loi Toubon) avait malmené le dispositif : on devait, donc, soit toiletter le décret en vigueur (du 11 mars 1986), soit en préparer un nouveau : le ministre Jacques Toubon choisit la seconde option. Échaudé par l'accueil inattendu réservé à sa loi, qu'il avait pensée consensuelle (il reprenait pour l'essentiel le projet préparé par sa prédécesseure socialiste Catherine Tasca), Jacques Toubon avait décidé, au rebours des chabanistes de 1972, de réduire la part de l'État dans le dispositif. À quelle autorité confier désormais la validation des listes ? Une instance se portait candidate, en la personne de Maurice Druon, qui fut, d'avril 1973 à mars 1974, un de ses prédécesseurs rue de Valois, et restait une figure historique du gaullisme. Le perpétuel jeta son glaive (d'académicien) dans la balance, et sa plume dans le décret.

Le résultat fut spectaculaire ; qu'on en juge. Selon les dispositions du décret du 3 juillet 1996, l'Académie française est visée en tête (pour la première fois depuis 1972) ; est citée onze fois au sein du texte ; prend place, à un rang élevé (deuxième position), dans chaque instance : commission générale (article 2), commissions spécialisées (article 6)[1]. Elle acquiert enfin un droit de veto : « les termes, expressions et définitions proposées par la commission générale ne peuvent être publiés au *Journal officiel*

1. Remarquons au passage que disparaissent des commissions : le ministre de l'Éducation nationale (présent depuis 1972), le ministre de la Recherche (présent depuis 1983), remplacé par l'Académie des sciences (effet sans doute des scrupules de Jacques Toubon). Mais disparait également et fâcheusement le Conseil international de la langue française, présent dans le dispositif depuis le début, au titre de sa compétence et de ses missions. Nul n'ignore qu'on le percevait comme un rival, quai de Conti…

sans l'accord de l'Académie française» (article 9); «la commission générale soumet à l'Académie française les termes et expressions qu'elle envisage de retirer des listes précédemment approuvées» (article 13); «aucune révision ne peut être publiée sans l'accord de l'Académie française» (article 13). On est passé de l'affable consultation à la validation statutaire, de l'avis à l'accord, du consultatif au délibératif. L'OPA était parfaitement réussie; l'académicien Alain Peyrefitte vent la mèche (nous soulignons). Pour que la féminisation pût être acceptée,

> Il faudrait d'abord modifier la Constitution, qui cite *le* ministre de la Justice [...]. Il faudrait, ensuite, abroger les textes qui font de l'Académie française la seule autorité «chargée de fixer les règles de la bonne langue» (statuts de 1635, confirmés par la Charte de 1816 et par le décret du 3 juillet 1996, qui place la commission de terminologie et de néologie *sous le contrôle de l'Académie*, en soumettant ses propositions à un accord préalable de celle-ci)[1].

Si l'on ajoute qu'après l'élection à l'Académie française de Gabriel de Broglie, premier président de la commission générale post-1996, la tradition s'est maintenue que le président fût un académicien (Marc Fumaroli puis Frédéric Vitoux), on peut juger la mainmise un peu lourde... Ce fut l'avis des autres participants à la production officielle de termes (dont les présidents des commissions spécialisées), qui ne virent pas sans étonnement ni émotion s'installer en majesté, au centre du dispositif, un partenaire certes habi-

1. «Monsieur le Président, je proteste! Lettre à René Monory», *Le Figaro*, 7 juillet 1998. De fait, on lit dans le rapport de la commission générale de terminologie (p. 4): «Par le décret du 3 juillet 1996, le gouvernement s'est privé du pouvoir de décider par arrêté ministériel du choix des termes à utiliser pour exprimer des notions et réalités nouvelles.»

tuel et d'un goût sûr pour la qualité de la langue (formation des termes et rédaction de leur définition), mais dont la compétence en matière de terminologie scientifique et technique n'avait frappé personne. Il fallut convaincre, repositionner aimablement tout le monde (en soulageant la Compagnie, dépassée par son propre succès...), et laisser, avec le temps, les angles s'arrondir.

Il n'empêche : l'impérieux et fougueux perpétuel avait voulu faire de son Académie un grand ministère de la langue française. Rivaux élimés, instances sous tutelle, État tenu à distance : le magistère devenait un protectorat. On comprend par suite combien la « campagne de 1997-1998 », dès l'année suivante, fut une offense à cette ambition : l'État, au plus haut niveau, encourageait l'évolution de la langue, faisait appel (de son propre chef) à des savants, prenait des actes administratifs, tranchait. La violence hautaine de la réaction, l'attachement aveugle à un usage artificiel et désuet, l'émoi effarouché s'expliquent d'abord ainsi. Car la répulsion pour la néologie, le dépit dû à ce qui paraît une désinvolture francophone, la condescendance envers les femmes, la connivence acrimonieuse des mâles ne pourraient seuls justifier un tel entêtement. Nous sommes en France, où la langue tient du pouvoir, lequel ne se partage pas. Le Premier ministre (avec l'accord du chef de l'État) était certes fondé à adopter, pour son administration, une néologie linguistique favorable à l'identité féminine ; l'Académie avait le droit de réprouver toute néologie. Nous sommes en France, où l'État prodigue charges et fonctions, protège une langue qui tout à la fois l'énonce et l'illustre. La féminisation a surgi au cœur de l'État, au sein d'une activité souveraine : les nominations en Conseil des ministres ; ce fut son audace, son succès et son scandale. On ne pouvait guère lier davantage l'action publique et l'innovation lexicale ; on ne pouvait affirmer autant un dessein politique de stimuler la langue. Les conséquences ne se firent pas attendre.

On dit que, durant la querelle orthographique de 1991, on se battit pour la graphie de *nénuphar*. Décidément, dans cette féminisation hexagonale, on se déchira d'abord, principalement et emblématiquement, sur le genre grammatical du mot *ministre*.

ÉPILOGUE

Féminiser une langue monde

La houle venue du Québec a remonté la Seine, mêlant ses eaux aux flots paisibles de l'étatisme français, rejointe par les mille ruisseaux de la créativité lexicale ; elle baigne désormais le quai de Conti. Déjà, des académiciennes se montrent réticentes : Dominique Bona plaide « pour une réouverture du débat à l'Académie française sur la place du féminin dans la langue française » (*Libération* du 13 novembre 2017), Danièle Sallenave observe que « le masculin n'est pas neutre, il a été choisi comme genre dominant » (*Le Monde*, 31 décembre 2017)[1]. Déjà, Hélène Carrère d'Encausse, secrétaire perpétuel, dans une lettre (datée du 6 novembre 2017) au premier président de la Cour de cassation qui l'interrogeait, annonçait : « Aussi avons-nous décidé d'entreprendre d'ici la fin de l'année en

1. Sans oublier l'académicien Michel Serres, qui vient de dénoncer l'« imperium » du masculin : « Ici, les féministes ont raison de se battre et je me range à leur côté. [...] L'on dit *la* secrétaire, quand on désigne un poste subalterne ; mais si une femme porte le titre de secrétaire général, on dit *le*. C'est une décision machiste scandaleuse. À l'Académie, mes confrères disent : "Madame le secrétaire perpétuel", appellation qui froisse mon sens de la langue. Je dis, quant à moi : "Madame la secrétaire perpétuelle" », Michel Serres (et Michel Polaco), *Défense et illustration de la langue française aujourd'hui*, Le Pommier, 2018, p. 43.

cours une réflexion d'ensemble sur la manière dont notre langue peut prendre en compte les changements intervenus dans la société au cours des vingt dernières années, et répondre aux aspirations légitimes de nos concitoyennes qui souhaitent voir la place qu'elles occupent dans la vie sociale et notamment professionnelle reconnue par des nominations adaptées. »

Conduire une telle réflexion durant toute une année ne serait pas de trop, tant elle devrait être approfondie, et ses conclusions de grande ampleur. Il est urgent que l'instance chargée du magistère de la langue rappelle que l'histoire du lexique des métiers et fonctions fut marquée d'un resserrement social ; qu'elle prenne acte de la disparition du féminin conjugal, témoin d'une époque de minoration de la femme ; qu'elle appelle à une féminisation de ce lexique : qu'elle encourage son emploi, se conformant à la distinction réaffirmée entre le spécifique particulier, désignant une personne, et le générique signifiant une fonction (une *académicienne* occupera un jour les fonctions de *chancelier* de l'Institut) ; qu'elle souligne par là même la richesse de l'expression linguistique (offrant plus de nuances, par exemple, qu'une abréviation à finalité inclusive) ; qu'elle se montre bienveillante envers les formes anciennes (*écrivaines*) ou néologiques (*magistrate*) formées dans les règles ; qu'elle fasse preuve d'un peu d'audace en acceptant le commode suffixe francophone *-eure*. Au passage, qu'elle gratifie enfin le *ministre* d'une âme sœur.

L'austère gardienne de la langue deviendrait alors l'affectueuse protectrice d'un idiome mondial, et la caution de sa vitalité. D'audacieuses jeunes femmes, affirmant leur identité, revendiquant leurs droits, s'emparant de leur langue, ont soulevé avec ardeur la chape des privilèges masculins et joyeusement piétiné le purisme.

Elles ont, sans le savoir, pris la Francophonie aux mots, servi la langue en la dépoussiérant, propulsé cet idiome (et ceux qui ont mission de veiller sur lui) dans le XXIe siècle ; comment ne pas leur exprimer notre gratitude ?

Table

Du même auteur

La Parole médiévale
Éditions de Minuit, 1981

Éloge de la variante
Éditions du Seuil, 1989

La Naissance du français
PUF, 1991 ; réédition mise à jour en 2013

L'Accent du souvenir
Éditions de Minuit, 1995

Le Roman de l'orthographe
Hatier, 1996

À travers le *Jabberwocky* de Lewis Carroll
Le Castor astral, 1997

Les Langues de France *(éd.)*
PUF, 2003

La Genèse de l'orthographe française (XIIe-XVIIe siècles)
Honoré Champion, 2004

Une langue orpheline
Éditions de Minuit, 2007

Merci professeur !
Bayard, 2008

Petites Chroniques du français comme on l'aime
Larousse, 2012

Enrichissez-vous : parlez francophone !
Larousse, 2016

L'Invention de Nithard
Éditions de Minuit, 2018

RÉALISATION : IGS-CP À L'ISLE D'ESPAGNAC
ACHEVÉ D'IMPRIMER SUR ROTO-PAGE
PAR L'IMPRIMERIE FLOCH À MAYENNE
DÉPÔT LÉGAL : OCTOBRE 2018. N° 140211 (93200)
IMPRIMÉ EN FRANCE